O VENDEDOR RELÂMPAGO

JAMES W. PICKENS
COM JOSEPH L. MATHENY

O VENDEDOR RELÂMPAGO

ESTRATÉGIAS INFALÍVEIS PARA FECHAR QUALQUER NEGÓCIO

Tradução
Gabriel Zide Neto

BestSeller

CIP-BRASIL. CATALOGAÇÃO-NA-FONTE
SINDICATO NACIONAL DOS EDITORES DE LIVROS, RJ.

Pickens, James W., 1945-
P662v O vendedor relâmpago / James W. Pickens; tradução: Gabriel Zide Neto. - Rio de Janeiro: Best*Seller*, 2011.

Tradução de: The One Minute Closer
ISBN 978-85-7684-375-7

1. Venda. 2. Vendas - Administração. 3. Vendedores. 4. Sucesso nos negócios. I. Título.

10-5937. CDD: 658.85
CDU: 658.85

Texto revisado segundo o novo Acordo Ortográfico da Língua Portuguesa.

Título original norte-americano
THE ONE MINUTE CLOSER

Publicado mediante acordo com Grand Central Publishing,
New York, New York, USA

Capa: Folio Design
Editoração eletrônica: Abreu's System

Direitos exclusivos de publicação em língua portuguesa para o Brasil
adquiridos pela
EDITORA BEST SELLER LTDA.
Rua Argentina, 171, parte, São Cristóvão
Rio de Janeiro, RJ – 20921-380
que se reserva a propriedade literária desta tradução

Impresso no Brasil

ISBN 978-85-7684-375-7

Eu gostaria de agradecer a algumas pessoas maravilhosas cujas compreensão e inspiração viabilizaram este livro:

Lindsey Janell Pickens
Barbara D. Johnson
Gary Oelsen
William Davies
Joseph L. Matheny
Ralph Medeiros
e
todos os mestres em vendas do mundo inteiro
que contribuíram para este projeto.

Mais uma vez,
obrigado,
James W. Pickens

Sumário

Nota do autor 9

1 – Introdução 11
2 – O que os vendedores relâmpago sabem e compreendem sobre si mesmos 17
3 – O que os vendedores relâmpago sabem e compreendem sobre os clientes 41
4 – Como os vendedores relâmpago se preparam para receber seus clientes 74
5 – 1º Ato: Como os vendedores relâmpago apresentam seus produtos e a si mesmos aos clientes 88
6 – 2º Ato: Como os vendedores relâmpago mostram seu produto aos clientes 103
7 – 3º Ato: Como os vendedores relâmpago concluem um negócio 114
8 – Como os vendedores relâmpago pensam e agem depois da venda 165

Conclusão 173

Nota do autor

Prezados leitores:

Este é o último livro sobre vendas que eu escrevo, e quero agradecer a todos, do fundo do coração, por tudo o que foi feito por mim nos últimos 26 anos. Vocês fizeram os meus outros livros serem best sellers no mundo inteiro, e me deixaram sem palavras com tanta gentileza e lealdade. Esta publicação especializada contém segredos intensos e poderosos para fechar vendas, que eu aprendi com grandes mestres de vendas que encontrei pelos lugares onde dei palestras. Essas pessoas maravilhosas compartilharam suas técnicas particulares de vendas e de fechamento, que muito me honra apresentar a vocês. Este pequeno manual é escrito, em parte, na forma de ficção, num estilo muito fácil de se acompanhar; traz insights exclusivos para se fechar uma venda em um relâmpago e também um certo tipo de sabedoria à qual todos os vendedores relâmpago se apegam. Há cerca de dois anos alguém me perguntou por que eu deveria produzir mais uma obra de referência sobre vendas, e a única resposta em que fui capaz de pensar remetia a algo que eu ouvi na África, muitos anos atrás: "Para dar vida a tudo o que eu aprendi." Um grande vendedor uma vez me falou: "É preciso coragem para ser quem você realmente é", e demorou muito tempo até que eu percebesse que eu sou um vendedor e que amo a minha profissão sinceramente. Além disso, ser capaz de colocar no papel aquilo que outras pessoas me ensinaram é uma verdadeira bênção. Este livro é diferente. Foi escrito intencionalmente para ser único, inovador, e para ter um ritmo acelerado. Os métodos apresentados para se fechar uma venda em poucos minutos realmente funcionam, e vão lhe fazer fechar muitos negócios. Todos os mestres das vendas sabem que "você nunca prende um cavalo de corrida a um arado, porque isso mataria o espírito dele", e eu guardei esse pensamento enquanto escrevia este livro. Portanto, com toda a honestidade, esta obra tem o objetivo específico de fortalecer os mestres das vendas e dar ainda mais poder e espírito àqueles que possuem o dom da persuasão. Disseram-me, reservadamente, que eu poderia estar arriscando um pouco da minha credibilidade revelando alguns procedimentos e comandos de "fechamentos". Bem, decidi que se eu me disponho a compartilhar informação (e, espero, ajudar alguém) e não dou tudo o que posso, então eu não dei nada.

Portanto, caro leitor, se você quer ser um grande vendedor na hora do fechamento, então, deve aprender com todas as pessoas que puder e passar seu conhecimento adiante. Mais uma vez quero agradecer a todas as pessoas que acreditaram em mim e no meu trabalho. Que Deus sempre as abençoe e, de um grande vendedor para outro, o maior segredo de vendas, aquele elemento distinto e todo-poderoso que ninguém pode destruir, é VOCÊ!

Sucesso total para todos vocês.

Seu amigo,
James W. Pickens

1
Introdução

É preciso coragem para se ter fé,
e é preciso fé para se ter coragem.

James M. McCurley, Louisiana, EUA

Este livro é escrito por mestres das vendas para outros mestres das vendas, profissionais de 57 países que quiseram compartilhar suas verdades e conhecimentos secretos sobre o fechamento de vendas, de modo que outros profissionais possam se tornar vendedores ainda melhores.

Os procedimentos de vendas e as dicas para fechá-las contidas nestas páginas foram colhidos ao longo de anos de experiência e sucesso. Tudo o que for apresentado aqui vai ajudar o leitor a aumentar sua taxa de vendas em pelo menos 25% ou 35%. Esse percentual de "salto nas vendas" foi registrado e comprovado ao longo dos últimos 26 anos na prática real de vendas.

A maioria dos ensinamentos aqui revelados foi guardada discretamente pelos grandes vendedores, e nunca antes discutida ou passada adiante.

Este guia tem um foco e uma objetividade apurada, mantendo um formato muito pouco convencional. Não há uma linha de narrativa, oba-oba ou diálogos de venda desnecessários; vai direto ao assunto, estando os tópicos dispostos como se fossem uma apresentação geral internacional de vendas. As leis e os cânones de fechamento de vendas desvendados por esta fonte altamente objetiva não têm paralelo e não são dirigidos a vendedores novatos ou tímidos, já que esse tipo de pessoa não terá a experiência de negociação necessária para apreciar e compreender metade do que está sendo aqui compartilhado. De fato, os fechamentos mostrados nesta edição jamais foram publicados, e são tão dinâmicos que se pode garantir que gerarão muitas e muitas vendas. Existe um fechamento em particular que pouquíssimos vendedores relâmpago conhecem, e ele é tão eficaz que vai fazer com que quase todos os clientes que forem submetidos a ele comprem o produto.

A melhor maneira de começar este livro é primeiramente descrever o significado real e eterno do sucesso. E a razão é esta: Todo grande vendedor que deu subsídios ou contribuiu para este esforço literário é hoje muito próspero e bem-sucedido.

O documento abaixo, uma descrição do sucesso, foi achado num mosteiro abandonado, localizado nas montanhas do México, tendo sido devidamente traduzido.

Os Segredos do Sucesso

Os verdadeiros segredos do sucesso não são diplomas universitários, bons contatos, aplausos dos outros ou ótimas oportunidades de negócios. São, pelo contrário, as tristezas, as decepções, as lágrimas, a frustração e o fracasso. Sem essas experiências dolorosas nenhum homem pode se conhecer de verdade, reconhecer sua coragem ou respeitar os outros. Os pilares que apoiam o caráter de um homem, estabilizam seu espírito e fortalecem a sua determinação se desenvolvem

> a partir de adversidades e sofrimentos. Sem inimigos, como é que um homem pode dar valor aos amigos? Se os sonhos de uma pessoa não se realizarem, de que outra maneira ela vai entender o que é risco ou se defrontar com o sofrimento? Toda pessoa tem dentro de si um talento que, quando descoberto, cria uma garra que atrai e encoraja a todos. Porém, para achar esse presente de Deus ela tem que explorar, tocar nos fogos da dúvida e beber da taça da compaixão; precisa construir castelos na areia, bancar a tola e ferir a alma orgulhosa. E, então, quando não restarem mais alternativas, tudo que foi perdido é reconquistado por uma consciência que foi testada e que ficou amadurecida. É nesse momento que o homem silenciosamente estica sua mão, toca nos dedos da esperança e toma posse da mansão do sucesso, construída sobre meros blocos de pedra esculpidos com compaixão e tirados de pedreiras que só Deus consegue abençoar com poder e amor.

Este documento já diz quase tudo: seja você mesmo, aprenda tudo que puder e deixe o mundo saber que você existe.

Os mestres das vendas são mais do que pessoas que vendem: eles permitem que o progresso e a prosperidade avancem sempre, fazendo as novas ideias valerem o risco corrido, assegurando que as janelas de oportunidades nunca se fechem. Os grandes sabem que quando você vive do jeito que quer, isso em si já é um sucesso.

Atualmente, existem muitos livros sobre vendas no mercado, que tentam fazer da arte de fechar qualquer negócio algo complicado e essencialmente difícil. Porém, uma venda não é algo tão complexo assim, mas essencialmente uma troca de emoções.

A maioria das pessoas que estuda técnicas de vendas quer ir direto ao âmago da questão e aprender novos tipos e métodos de fechamento que o façam ganhar dinheiro imediatamente. Trata-se de um comportamento humano perfeitamente normal. Quem não gostaria de ir logo além de todas as informações periféricas para chegar rapidamente àquela que se imagina ser a melhor parte? Mas é importante saber uma coisa: se a pessoa não compreende a mecânica fundamental de uma venda, então, os melhores fechamentos que existem na face da Terra não adiantarão de nada. Eles serão muito mal-utilizados por quem não entende seu impacto total, ou falados de uma maneira superficial e confusa, o que vai tirar desses fechamentos o duradouro poder que tanto se deseja.

Neste livro, eu compartilho inicialmente, conhecimentos importantes a que tive acesso por toda a minha vida no que se refere a vendedores relâmpago: o que eles pensam e acreditam, como os consumidores se comportam e fazem suas avaliações e, finalmente, os fechamentos infalíveis, os procedimentos deste e de que forma eles são executados.

Antes de falar sobre as lições secretas de vendas e fechamentos, eu queria falar uma coisa a respeito dos vendedores relâmpago. Caro leitor, aprendi ao longo de muitos anos e quilômetros rodados que os vendedores deste mundo existem no modo de "sobrevivência" ou no modo de "vivência", o que diferencia aqueles que vendem de negócio em negócio, ou de comissão em comissão, dos que ganham mais que o suficiente para realmente viver e curtir a vida.

Os grandes vendedores do mundo inteiro percebem que precisam ter um objetivo definido na vida para fazer com que tenham sucesso absolutamente todos os dias. Entendem que se alguém não tem essa necessidade dentro de si, pela qual estejam dispostos a sacrificar tudo, então, nunca terão vivido de verdade. Tantas vezes ouvimos vendedores dizerem "Vou fazer isso" ou "Vou fazer aquilo". A verdade é que "Eu vou..." nunca levou a nada. É por isso que os mestres têm uma missão: ser o melhor que eles podem na sua profissão. Tenha em mente que os grandes mestres estão sempre tentando melhorar e acumular informações de vendas para que não venham um dia a fracassar e cair em desespero no sempre presente e tormentoso modo de "sobrevivência".

Aceitou-se como verdade ao longo dos tempos que "você não pode fazer uma bolsa de seda com as orelhas de uma porca" ou que "não se pode ensinar novos truques a um cachorro velho". Estou aqui para dizer que essas afirmações são algumas das maiores mentiras já escritas. As pessoas podem mudar quando quiserem. Mais cedo ou mais tarde, os vendedores percebem que ser tudo ou nada depende de suas escolhas, sua vida e sua responsabilidade. Os mestres das vendas também apreciam que os seus hábitos (bons ou ruins) em algum momento da vida acabem se transformando na sua personalidade.

Os vendedores relâmpago são extremamente competitivos e profundos amantes do risco. Eles compreendem que todo e qualquer progresso foi resultado de pessoas tomando posições impopulares e posturas pouco valorizadas. Portanto, não estão a fim de entregar sua determinação ou sua força, que às vezes são polêmicas, de bandeja para alguém. O sucesso para um grande vendedor é conseguido toda vez que ele se aproxima de um novo cliente e o convence de comprar um produto em que ele acredita.

O mestre não tem medo de viver à margem, nem tem medo de fronteiras, pois sabe que estas foram criadas por pessoas que não podiam ver além. Os japoneses têm um ditado: "O prego que se destaca é o que leva a martelada na cabeça." Na verdade, não existe martelo, a não ser em mãos de pessoas que batem na própria cabeça dizendo "Eu não sou boa o suficiente" ou "Eu nunca vou conseguir".

Hoje em dia, nesse mundo high-tech, existe uma necessidade real pela visão e pelo entusiasmo dos vendedores que se destacam. Os clientes subconscientemente querem estar perto e se aliar a pessoas que se especializaram em investir no impossível, e mestres em vendas são um exemplo disso.

Caro leitor, em todas as minhas viagens, nunca encontrei um único mestre em venda que, quando as coisas não andassem bem ou a dor no coração desse o tom de uma noite solitária na estrada, tivesse deixado de acreditar em si mesmo e, mesmo não tendo ninguém por perto, pedisse ajuda e forças numa oração.

O ABC dos negócios internacionais = Always Be Closing [Esteja sempre fechando].

Sir Stewart Williamson, Edimburgo, Escócia

Nota: Qualquer companhia, empresa e conglomerado do mundo só depende do seu departamento de vendas para botar dinheiro em caixa. Todos os outros departamentos da empresa gastam dinheiro ou precisam deste para funcionar. Portanto, a verdade é que, se não fosse pelos vendedores relâmpago, as empresas não existiriam.

2

O que os vendedores relâmpago sabem e compreendem sobre si mesmos

Eu posso convencer qualquer um,
se antes eu conseguir convencer a mim mesmo.

Sepp Nagle, Munique, Alemanha

Foram os vendedores relâmpago do mundo inteiro, os homens e as mulheres que são absolutamente os melhores em suas profissões, que forneceram as informações contidas neste livro.

A seguir, uma carta traduzida do alemão e que circulou pelo departamento de vendas de uma das principais empresas de seguro da Europa.

O mestre das vendas

Um grande vendedor é um ser humano muito complexo e polêmico. Ele é um eterno otimista, dotado de uma personalidade que pode inspirar, fazer com que ganhe amigos ou inimigos em questão de segundos. Um mestre das vendas é uma pessoa que está totalmente convencida de que o futuro não trará nada além de boa sorte e realizações, ao mesmo tempo que não planeja qualquer curso de ação que o leve a esta crença. Na verdade, a maioria desses vendedores tende a gastar mais dinheiro do que ganha, aparentemente ignorando quaisquer estratégias financeiras que acarretem uma certa sensação de segurança, normalmente despreocupados com o amanhã ou as consequências. Eles são abençoados com um espírito que procura continuamente o que há de vantajoso e brilhante nos outros, sempre alertas e prontos para incentivar, ajudar ou aconselhar, mas curiosamente alheios a seus próprios casos, incapazes de esquecer erros ou problemas passados, silenciosamente nutrindo sua culpa e seu arrependimento – um fardo desnecessário que nenhuma alma deveria suportar. Os grandes vendedores também são abençoados com uma superabundância de amor, uma atitude pura, generosa e carinhosa de que todas as pessoas precisam; mesmo assim, quando eles, carismáticos, se olham no espelho, o que devia ser lembrado, é esquecido, apagado por inesperados momentos de dúvida, apreensões que lançam vários graus de sombra em sua disposição e utilidade, ameaçando a própria coragem. Os grandes vendedores (deve-se confessar) são destemidamente independentes, vivendo diariamente num mundo que a maioria das pessoas não pode nem imaginar, muito menos aguentar. Contando apenas consigo mesmos para atingir o sucesso, imersos permanentemente numa atmosfera que não tem limites, regras fixas ou horizontes. Eles prosperam no tocante às emoções e aos nervos de aço, sempre persistentes e vivendo permanentemente no agora, sobrevivendo a partir de oportunidade e sorte, dispostos a arriscar tudo para trabalhar bem e persuadir. Os grandes vendedores, com toda honestidade, rezam. Eles conhecem, homenageiam e cultivam sua fonte de força. Eles crescem e se desenvolvem além das tormentas, provações e humilhações, abraçam a esperança, defendem o que é certo e confiam na profundidade e no poder da verdade. Não alardeiam sua fé aos quatro ventos, mas vivem em função de suas convicções a partir das ações, das palavras e da compreensão; princípios absolutos que irradiam mais compaixão do que mil odes. Sim, o vendedor relâmpago possui uma alma complexa e controversa, às vezes sábio, às vezes tolo, às vezes histérico, rebelde, imprevisível, indisciplinado, atrasado e difícil de se definir. Não é de surpreender que, tendo um ego que nenhuma objeção, ação negativa ou obstáculo é capaz de destruir, o vendedor relâmpago segue em frente, avançando com uma convicção e uma determinação que poucos experimentaram ou ousaram experimentar. Além disso, ao se mover e reagir com uma certeza tão clara, tão apaixonada e tão positiva, qualquer um que esteja em seu caminho vai mudar para sempre, percebendo a tempo que, sem o poderoso vendedor relâmpago, todo e qualquer progresso, comércio ou expressão de individualidade seria congelado tragicamente numa sociedade estagnada. Na verdade, se não fossem os empreendimentos, o entusiasmo e a ousadia dos vendedores relâmpago, cuja imaginação permite possibilidades ilimitadas, todos os negócios da humanidade simplesmente desapareceriam, e o âmago da humanidade se renderia, sem esperança.

Eu vendo com o coração, e não com um discurso escrito e previsível.

Omar Boco, Joanesburgo, África do Sul

Fato 1. **Os mestres das vendas sabem que são bons**

Todos os grandes profissionais, não importando a empresa, companhia ou indústria em que trabalhem, têm certeza absoluta de que são muito bons no que fazem. Não importa o quanto sejam modestos, o quanto pareçam enganadores ou o quanto sejam arrogantes, eles acreditam que não há ninguém no mundo que venda melhor do que eles.

É verdade que os mestres das vendas são instáveis e imprevisíveis, parecendo mudar de ideia a cada vez que o chapéu cai no chão, mas, na realidade, sob a aparência de caos e inquietação, há um elemento estabilizador e bem-arraigado chamado ego. Por causa desse ego (desenvolvido no decorrer de anos de sucesso), os grandes vendedores mantêm uma atitude positiva até nas piores horas, confiantemente abastecidos pela ciência de que "Eu sou o melhor".

Eu luto para acreditar em mim, mesmo quando as outras pessoas já não acreditam mais.

John L. Delainey, Shannon, Irlanda

Fato 2. **Os dois maiores problemas que os mestres das vendas têm de superar**

Todos os grandes vendedores, diariamente, precisam estar alertas e vigilantes contra dois hábitos negligentes e descuidados: não se ater à atitude de "eu posso" e prejulgar os outros.

Para manter uma atitude assertiva eles precisam, simplesmente, visualizar todas as próprias vitórias, seus dias bons, seus planos e suas realizações, sem deixar que qualquer pessoa ou fator interfira nessa mentalização.

Nota: Antes de se encontrar com os clientes, a maioria dos mestres das vendas busca a reclusão indo para algum lugar onde possa ficar sozinho, de modo que não haja pessoas ou situações de fora se intrometendo em sua concentração "positiva". Outra coisa que esses vendedores fazem é manter distância de pessoas negativas, já que elas não conseguem contribuir de modo algum para o coração de alguém que almeja o sucesso.

Os grandes vendedores também precisam constantemente resistir à tentação de prejulgar os outros. Quase todo mundo julga as pessoas antes de conhecê-las. Esse, evidentemente, é um hábito destrutivo que os vendedores relâmpago combatem constantemente, sempre cientes da filosofia de que "As pessoas, normalmente, odeiam tudo aquilo que elas não entendem". Eles treinam para olhar cada um como alguém especial e único, que tem a sua própria história para contar, e cujas lições pessoais e experiência de vida podem (se devidamente ouvidas e entendidas) contribuir com conhecimentos valiosos que podem não ser encontrados em outra parte.

Mais uma vez, os mestres das vendas se protegem diariamente de qualquer coisa que possa sabotar sua atitude positiva, procurando a grandeza nos outros.

Nota: O que não gostamos nos outros geralmente é aquilo que não gostamos em nós mesmos.

Para que as pessoas se importem com você é preciso que, antes, você se importe com elas.

Robert Armstrong, Londres, Inglaterra

Fato 3. **Para os mestres das vendas os sonhos são tangíveis**

Os grandes vendedores sabem que se você tem um sonho – algo em sua vida pelo qual está disposto a trabalhar o máximo que for humanamente possível –, com o tempo, pode e vai virar realidade. Existe um ditado alemão que diz: "Você nunca tem um sonho ou um desejo sem ter a força para torná-lo realidade." Essa frase é verdadeira. O desejo de alguma coisa, se for bastante intenso e digno, vai por si só gerar uma força, composta de entusiasmo e determinação, que pode superar todas as barreiras, os medos e as dúvidas.

Existe muita gente no mundo dos negócios que acha que os melhores vendedores não são realistas, mas apenas sonhadores que vivem num mundo de fantasia, o que não deixa de ser verdade. Eles sempre pensam que amanhã vai ser melhor que hoje, que o próximo cliente vai comprar mais produtos que o anterior, que um dia ele terá sua própria equipe de vendas e comandá-la melhor do que qualquer pessoa já o fez. Sim, o grande vendedor é um sonhador, sempre olhando para a frente e alcançando sólidos resultados de vendas.

Deve-se sempre lembrar que, se não fosse pelos sonhadores e sua força motriz, não haveria nenhum novo desenvolvimento no comércio. Os mestres sabem que as pessoas bem-sucedidas deixam que seus sonhos – e não sua situação financeira – determinem a posição que eles ocupam na vida. Se um ótimo vendedor parar de sonhar e querer mais, esse será o dia em que o espírito da esperança financeira baixará a cabeça e morrerá.

Eu prefiro muito mais sonhar, tentar e arriscar do que simplesmente sobreviver e me arrepender.

Bill Olsen, Dallas, EUA

Fato 4. **Guarde os seus assuntos para você mesmo**

Os vendedores relâmpago guardam seus assuntos para si mesmos, e isso se refere tanto à vida profissional quanto à particular. Todos precisam responder a si próprios. Se os outros estiverem curiosos e fazendo perguntas, geralmente é por terem seus próprios motivos, e se pode assegurar que esses motivos não vão beneficiar ninguém além deles próprios. Os mestres das vendas sabem, por tentativa e erro, que quando as pessoas perguntam como eles vão, 80% delas não se importam se o requisitado está com problemas e os outros 20% estão felizes por ele estar assim. Tendo isso em mente, os grandes vendedores simplesmente, via de regra, respondem que "está tudo bem" quando perguntados.

O mestre das vendas que mantém seus assuntos consigo sempre será mais bem-sucedido do que aqueles que permitem que os outros saibam tudo que eles pensam e sentem, o que constitui uma prática muito tola, provocando um convite a fofocas, rumores e especulações: três membros da diretoria de um comitê muito perigoso.

De certas pessoas eu espero golpes baixos, mas é óbvio que não vou dar a munição.

Lorde Esterbrook, Southampton, Inglaterra

Fato 5. **Só você se conhece**

Quando um grande vendedor ouve alguém dizer "Eu sei o que é melhor para você" ou "Eu o conheço bem, acho que você devia fazer isto e aquilo", ele leva tudo na esportiva, porque sabe muito bem que ninguém o conhece melhor do que ele mesmo. É a sua maneira de ser independente e guardar em segurança suas emoções e aquilo em que acredita. Se um mestre das vendas alardeia seus pontos fortes e fracos para a maioria das pessoas com quem fala, ele se coloca numa posição comprometedora em que os outros têm o potencial de controlá-lo. Para esse vendedor, isso só pode significar um desastre, diminuindo o poder de suas técnicas de venda, que são mais bem-apresentadas em suas próprias condições.

Se as outras pessoas pensarem que conhecem você e que já sabem como você se comporta, então, elas acharão que você está no papo, vão descartá-lo ou passar por cima. O mundo se mantém curioso sobre pessoas e coisas que ele não consegue decifrar direito, portanto, enquanto o mestre conseguir manter um certo mistério, ele pode ter certeza de que não será ignorado nem negligenciado.

Os melhores vendedores aceitam correr riscos diários para seguir sua paixão e chegar ao seu destino, tomando o cuidado de manter suas cartas perto do corpo.

Quanto mais conselhos eu sigo, mais me afasto dos meus objetivos.

D. L. Rivera, Cidade do México, México

Fato 6. **A personalidade do grande vendedor é tudo**

O grande vendedor sabe que a personalidade de alguém é estritamente uma situação mental, e ele depende dela para a própria sobrevivência. Um mestre pode ter êxito sem ter tido uma grande educação, troféus ou, para todos os efeitos, uma boa saúde, mas nunca sem uma autoirradiação. A personalidade de uma pessoa ao interagir é a chave para a comunicação. Se não for possível expressar os pensamentos e sentimentos de uma maneira que os outros ouçam, se interessem e entendam, então, nem toda a educação e a sabedoria do mundo servirão para alguma coisa.

As pessoas gostam de quem as façam se sentir bem, rir, e que permitam que elas se sintam importantes e respeitadas. Uma personalidade acessível, amiga e diplomática consegue exatamente isso. Para ter esse tipo de disposição é preciso ter o hábito de ser sociável e gentil. Leva algum tempo, dedicação e concentração, mas aqui outro ditado é igualmente verdadeiro: "os hábitos de uma pessoa acabam se transformando em sua personalidade." E essa boa personalidade é valiosa e capaz de ser conquistada.

Se eu der duro, posso fazer as pessoas me verem do jeito que eu me vejo. E eu gosto do que vejo.

Gino Musso, Roma, Itália

Fato 7. **O segredo de ser grande**

Ao se observar a vida de personalidades da história usa-se frequentemente frases do tipo: "fulano de tal nasceu para ser um grande líder." Bem, essas afirmações, em geral, não são tão verdadeiras quanto parecem. Qualquer um, em qualquer hora e em qualquer lugar, pode se tornar um líder tão carismático e magnífico que o mundo inteiro vai parar e prestar atenção. Para entender esse conceito, é preciso, antes, saber a verdade básica e subjacente que faz as pessoas serem grandes. E essa verdade é: as pessoas não se fazem grandiosas; elas se tornam, de acordo com a causa em que acreditam. Quando alguém (independentemente da sua formação e do seu ambiente) tem um objetivo, um desejo ou uma crença definidos, pelos quais está disposto a sacrificar tudo, essa convicção vai catalisar suas emoções, sua força e suas ações ousadas. Quando uma pessoa está totalmente convicta de alguma coisa, o mundo vai observar, impressionado.

O sucesso é, na maior parte, uma repetição constante de bons fundamentos, acrescentando-se uma dose de risco e de fé.

Lynn Sanford, Phoenix, Arizona

A carta a seguir foi escrita por um capitão durante a Guerra Civil americana. A data é 22 de dezembro de 1862.

Líderes

Os maiores líderes são aqueles que compartilham toda a sua sabedoria, esperando que os outros se tornem muito maiores do que eles mesmos. Quando as pessoas perceberem que você quer honestamente mais sucesso para elas do que para si próprio, você terá um público cujo amor e lealdade serão inabaláveis. Você não terá concorrência.

Por outro lado, se você se sentir superior ao seu público por saber de alguma coisa que ele não sabe, ou ficar se gabando, menosprezando a inteligência deles ou considerando que está lhes fazendo um favor de estar ali, então, a sua mensagem será imediatamente esquecida, como deveria ser mesmo.

Se eu posso fazer uma pessoa acreditar em mim, então posso fazer com que um milhão acredite.

Manuel Santiago, Madri, Espanha

Fato 8. **Toda coisa ruim que acontece vem para o bem**

Se um grande vendedor nunca experimentou a derrota e a decepção, então ele não possui as credenciais para genuinamente criar empatia com alguém que já tenha passado por isso. A experiência, como todos sabem, é um professor sem concorrentes, e quanto mais alguém se lançar a explorar, perguntar, aprender e ousar, mais terá a sabedoria e as cicatrizes para oferecer ajuda, aconselhando e consolando os outros. Se uma pessoa tem medo de se envolver com as outras ou de sair pelo mundo, participando dele, por temer que de alguma maneira poderá se machucar, então, essa pessoa não está vivendo de verdade.

Os vendedores relâmpago usam suas experiências de vida para se comunicar, se relacionar e estabelecer vínculos com os outros. Assim, no mundo das vendas, não é nenhuma surpresa ver os mestres usando suas derrotas e seus sofrimentos em vantagem própria, ao mesmo tempo se preocupando e convivendo com os outros da melhor maneira possível.

> Se você quiser ser um grande líder, então faça das pessoas à sua volta grandes líderes.
>
> *Dell Litton, Londres, Inglaterra*

Fato 9. **Mestre das vendas são atores**

Os grandes vendedores compreendem que se o cliente não estiver relaxado e atento, a venda não será efetuada. Os clientes querem sentir que lidam com uma pessoa em quem podem confiar e com quem possam compartilhar sua visão pessoal. E (conscientemente ou não) também querem se divertir. Sabendo disso, o mestre vai, de propósito, representar um papel diferente para cada cliente, tendo em mente uma das "regras de ouro" relativas ao relacionamento com as pessoas: "Fique triste com pessoas tristes e alegre com pessoas alegres." Por exemplo, quando um grande vendedor encontra um cliente que está pra baixo por alguma coisa, aquele vai, com o maior tato, se solidarizar com ele, de modo a estabelecer uma emoção comum. Então, quando os dois lados estiverem se comunicando e se entendendo, o mestre vai gradualmente fazer a "barra emocional" ficar mais leve e melhorar a atitude do consumidor de forma positiva, para criar um ambiente mais propício para apresentar o produto que ele pretende vender.

Os mestres das vendas são alguns dos maiores atores do mundo. Eles não têm medo de usar todo recurso e toda ferramenta disponível para destacar seus talentos e, é claro, seu produto.

Se você quer ser magnífico, então é melhor agir magnificamente.
– Jerry Blevins, Nova York, EUA

Fato 10. **Se você quiser ser o melhor, já andou 51% do caminho**

Desejo e determinação são muito mais importantes do que conhecer o produto. É verdade que você precisa entender o que está falando sobre o produto, mas se uma pessoa não tiver aquela dedicação árdua para ser a melhor, para conseguir um desempenho superior ao de todos os outros, seria o mesmo se as características do produto fossem transmitidas por um robô. Como dissemos, os grandes vendedores são altamente competitivos e ultramotivados. São o tipo de pessoa que sempre vai querer, e vão conseguir, liderar qualquer equipe de vendas em que estiverem. Quando um vendedor realmente quiser ser um campeão, ele já terá percorrido 51% do caminho em direção à sua meta. Aqui, o segredo universal comprovado é manter o foco, acreditar em si mesmo e nunca, mas nunca mesmo, desistir.

As pessoas bem-sucedidas são aquelas que não desistem diante das adversidades ou da interferência alheia. O mestre não é diferente, e ele sabe que o único inimigo com poder para impedir que ele seja o melhor é ele mesmo. Ele acredita no ditado chinês que diz: "Se não houver nenhum inimigo real dentro de mim, então nenhum outro inimigo será capaz de me machucar." Ele acredita em seus talentos enquanto se concentra permanentemente nos seus desejos, sabendo que a desatenção ou a complacência podem fazer com que todos os seus desejos fiquem fora do alcance.

Você nunca vai chegar ao lugar que merece na vida enquanto não der seus primeiros passos com coragem, saindo por aí para buscar o que quer.

Marco Salvini, Milão, Itália

Fato 11. **Nenhum mestre das vendas tem todas as respostas**

Qualquer grande vendedor admite que pode aprender com qualquer pessoa, a qualquer hora. Um grande vendedor sempre manterá a mente aberta para outras opiniões e ideias diferentes sobre o fechamento de uma venda, que possam fazer dele um vendedor melhor ou aumentar seu percentual de fechamentos. O ditado "quanto mais eu sei, mais sei que nada sei" é uma grande verdade. Assim, o ímpeto de inquirir e investigar qualquer coisa que possa fazê-lo dominar ainda mais a profissão de vendedor é fundamental. O dia em que o grande vendedor parar de aprender, ouvir e fazer perguntas será o dia em que o mundo o deixará para trás.

Em vendas, tudo, em algum momento, precisa mudar. De modo que, na verdade, tudo, em algum momento, permaneça igual.

Hidio Enocie, Tóquio, Japão

Fato 12. **Pessoas negativas são destrutivas**

A maior ameaça que qualquer vendedor relâmpago pode enfrentar são as pessoas pessimistas. Esses indivíduos são venenosos e, para piorar a situação, muitas vezes se aborrecem, e se tornam cínicos com coisas que não entendem completamente. Infelizmente, a maioria das pessoas negativas quer acreditar em todas as notícias ruins que recebe. Os melhores vendedores aprenderam, ao longo dos anos, a simplesmente ignorar gente desse tipo. Esses vendedores não permitem que pessoas pessimistas os ponham para baixo ou façam com que eles se sintam mal ou culpados. O mestre, quando depara com uma personalidade pessimista, é simpático e se afasta discretamente. As pessoas negativas podem ser um perigo ao progresso, sem contar que são uma afronta amarga à fé.

Um cochicho mal-intencionado pode ser ouvido do outro lado do mundo.

Jon Dinsman, Kansas City, EUA

Fato 13. **Os mestres das vendas podem e conseguem recomeçar**

Um monge alemão, chamado Thomas à Kempis, disse uma vez que "Os homens julgam você pelas suas ações, mas Deus o julga pelas suas intenções". Esse é um pensamento magnífico que se deve guardar. Infelizmente, muitas pessoas prejulgam ou fazem julgamentos equivocados sobre os vendedores relâmpago e suas reais intenções, o que pode perturbar o ambiente do departamento de vendas. Com muita frequência, os mestres encontrarão colegas ou mesmo certos gerentes de vendas determinados a sabotar seu trabalho por causa de seus altos percentuais de vendas. Quando uma situação assim acontecer, o vendedor dispõe de três opções: a primeira é pedir demissão e arranjar outro emprego; a segunda é ficar e lutar e a terceira é se comprometer. Em quase todos os casos o grande vendedor pede demissão, sentindo que qualquer continuação da ansiedade ou da hostilidade não vale o desgaste de energia; e vai perceber, a partir de sua experiência, que continuar a se prender e insistir, provavelmente, não será uma escolha saudável, cobrando assim um alto preço dele e também da empresa. Se e quando um mestre das vendas deixar seu emprego, ele terá que ajustar algumas atitudes e fazer uma busca interior, para então olhar adiante revigorado como um novo começo, considerando o passado apenas uma lição bem-aprendida.

O vendedor relâmpago nunca viverá, nem que se passe 1 milhão de anos, abaixo da própria capacidade. Ele mudará, se necessário, dando um passo de cada vez e usando suas realizações passadas como ferramentas, sempre determinado a achar o lugar certo para os talentos que Deus lhe deu.

Leitor, alguns anos atrás alguém perguntou a um mestre das vendas por que ele estava deixando seu cargo de vendedor, e ele deu uma resposta inesquecível: "Eu não sei para onde vou, mas sei que daqui não vou conseguir chegar lá."

Eu saí, arranjei um novo grupo, rejuvenesci e me fortaleci, tendo quem eu era em mente o tempo todo e o que eu queria realizar na vida – e em pouquíssimo tempo eu já estava de volta ao topo do mundo.

Randel M. Roberts, Melbourne, Austrália

Fato 14. **Três palavras que matam**

Dentre as dezenas de milhares de palavras de um idioma, as três mais usadas são "eu", "meu" e "mim". Os vendedores relâmpago, deliberadamente, mantêm distância desses três destruidores subliminares de vendas. Os clientes instintivamente gostam de ouvir seus próprios nomes citados antes de "eu", "meu" e "mim".

O cliente não precisa do vendedor para viver. Pelo contrário, o vendedor é que precisa do cliente, portanto, é muito importante que o mestre não exalte a si próprio e se concentre unicamente no cliente. Uma das maneiras mais notáveis e objetivas de se fazer isso é parar de usar, ou pelo menos diminuir o uso, as palavras "eu", "mim" e "meu", substituindo-as por "nós", "nosso", "você", "seu" etc. Isso mostra consideração e atenção pelo consumidor. Demora algum tempo para abandonar o hábito de usar esses pronomes destruidores de vendas, mas com a prática as palavras "eu", "mim" e "meu" logo vão desaparecer do seu diálogo, e posso garantir que suas vendas aumentarão.

Na vida, uma boa avaliação, geralmente, vem de experiências passadas.
Infelizmente, a maioria das experiências passadas vem de avaliações malfeitas.

Gary Mathews, Londres, Inglaterra

Fato 15. **Os vendedores relâmpago só vendem aquilo em que acreditam**

Uma das piores coisas que um mestre das vendas pode fazer, além de mentir para o cliente, é tentar vender um produto em que ele mesmo não acredita ou que não possua. Os consumidores não são burros; eles conseguem sentir que alguma coisa está errada quando um vendedor, que secretamente duvida do produto, está fazendo uma demonstração e o nível esperado de energia e entusiasmo não está presente. Essa óbvia falta de ânimo, com certeza, levantará muitas bandeiras vermelhas, gerando dúvidas no cliente que vão deixá-lo pouco à vontade e, no fim das contas, fazer com que ele decida não comprar o produto. Não há nada que motive e fortaleça mais o vendedor do que ele saber que está vendendo o melhor produto disponível, e pelo melhor preço do mercado.

É esse tipo de segurança que fará qualquer vendedor que valha o salário que ganha se tornar muito mais enérgico e fascinante. Os clientes não conseguem resistir a uma força positiva baseada na verdade e na sinceridade. Eles vão se deixar levar com o maior prazer pela emoção da apresentação, e comprar, é claro, desde que o dinheiro permita.

Agora, se o vendedor relâmpago está vendendo um produto e em dado momento descobre que o produto é uma farsa ou não é aquilo que ele achava que fosse, o mestre vai simplesmente pedir demissão e ir embora. Ele sabe que sempre existirão oportunidades para bons vendedores, e tentar vender um produto só para ganhar a comissão vai não só enfraquecê-lo a longo prazo, mas também deixar sua autoestima em pedaços a cada cheque que receber. Os clientes conseguem perceber nos olhos do vendedor e na aura que o circunda que ele não está totalmente convicto de que está apresentando o melhor aos seus fregueses.

Para falar a verdade, eu só posso vender bem se o produto for bom.

W. Frank Schuler, Frankfurt, Alemanha

Fato 16. **Vinte por cento, a lei da natureza**

Se um vendedor não conseguir fechar consistentemente pelo menos um em cada cinco negócios (20%), então, ele não é um mestre. Mesmo com relação às leis da natureza, 20% é o denominador comum. Por exemplo, quando um grande felino das selvas, digamos um tigre, vai à caça, ele só vai conseguir sua presa em uma de cinco tentativas. Se um agricultor plantar cinco sementes de milho, apenas uma vai germinar. Vinte por cento é o número mágico da natureza, e também deve ser na comunicação humana. Todos os vendedores relâmpago precisam de uma medida real para avaliar seu desempenho, e a "lei dos 20%" é a melhor.

Nota: Se um mestre das vendas não tiver cerca de 10% das vendas canceladas posteriormente, quer dizer que ele não está atuando com o máximo de seu potencial. Um grande vendedor de verdade sabe que seu trabalho é, teoricamente, vender para qualquer cliente com quem ele fale, e se estiver fazendo o trabalho esperado, haverá uma série de pessoas que se deixarão levar pelo "calor da venda" e acabarão comprando, só para desistir depois de dar alguns passos para trás e perceber o que fizeram ou se comprometeram a fazer. Esse fenômeno das desistências não é algo ruim ou de que se deva envergonhar, mas uma simples lembrança do comportamento comum dos seres humanos, provando que o vendedor relâmpago está fazendo o que ele sabe fazer melhor: vender para qualquer um com quem ele falar.

Sem um cliente durão, poderoso e defensivo, um grande vendedor nunca saberia o quanto ele é durão, poderoso e competente.

Tony Angelli, Roma, Itália

Fato 17. **Os mestres das vendas não enganam os outros**

O verdadeiro grande vendedor sabe que certas práticas de venda que beiram a ilegalidade geralmente não levam a nada, podendo resultar em arrependimento ou destruição. A honestidade é, e sempre deve ser, o pilar fundamental sobre o qual o vendedor deve se colocar para apresentar seu produto de maneira clara e enfática. Isso dá ao mestre a coragem e a força para enfrentar e superar qualquer obstáculo ou objeção que o mais difícil comprador possa impor. Sem essa aliança com a verdade os vendedores relâmpago nunca poderiam ou conseguiriam fechar a alta percentagem de vendas que eles alcançam.

Respeite os clientes, seja amigo deles e diga a verdade com paixão, e você terá uma carreira de vendedor extremamente próspera, na qual será feliz e não precisará olhar por cima do ombro onde quer que você vá.

Quando você põe os outros em primeiro lugar, você nunca será o último.

Janelle Lindsey, Tulsa, EUA

Fato 18. **Vista-se de maneira confortável**

Os mestres das vendas se vestirão da maneira que quiserem. Mesmo que a empresa em que eles trabalham imponha regras de vestuário, um grande vendedor sempre dará um jeito de mostrar sua individualidade. Isso não deve ser interpretado como uma afirmação de rebeldia, mas como parte da natureza de um ótimo vendedor.

Aqueles dois ditados: "a primeiro impressão é a que fica" e "sempre se vista melhor do que seu cliente" não se sustentam com a frequência que se imagina. Os vendedores relâmpago acreditam, e na maioria das vezes é verdade, que não importa o que eles vistam, sua personalidade e seu carisma prevalecerão sobre a aparência. E se pode garantir: se o mestre tiver experiência, ele já sabe o que funciona e o que não funciona para ele.

Agora, no que diz respeito a joias (e isso se refere tanto a vendedores como a vendedoras), se o mestre usar vários anéis, braceletes ou várias correntes, é importante – ainda que pareça uma questão menor – que seja explicado ao cliente o que as joias representam. Por exemplo, o vendedor pode contar ao cliente, se for cabível, que o anel que está usando foi de seu avô ou que a corrente foi um presente de noivado e assim por diante, de modo que o cliente entenda a razão de tanto brilho. Se essa questão não for esclarecida desde o começo, o possível comprador vai pensar que o vendedor é muito ensoberbado, ou "grande e poderoso", ou que só pensa em si mesmo, o que pode levar a um sentimento desnecessário de animosidade, tornando a venda muito mais difícil.

Vale dizer novamente, por que isso é importante: se um excesso de joias não for explicado ao cliente, um mal-entendido pode muito bem levantar dúvidas e questionamentos por parte do consumidor, criando um certo tipo de curiosidade que vai continuar guardada para o cliente, que vai fazer suas próprias especulações. Isso pode, inclusive, criar uma atitude de ressentimento que vai prevalecer silenciosamente, afundando totalmente a apresentação de venda, tornando o fechamento quase impossível.

O mestre das vendas nunca esquece aquela regra bem conhecida de "simplificar as coisas", e isso envolve não só seu discurso, como também sua roupa e seus acessórios.

A humildade não tem inimigos.

Natami Kamochi, Tóquio, Japão

Fato 19. **Os melhores vendedores mandam em seu trabalho**

Os vendedores relâmpago sabem, por experiência própria, que se eles não controlarem seu trabalho e sua agenda estes é que vão lhes controlar, criando assim um ambiente em que o vendedor se vê correndo em círculos e perdendo um tempo valioso. O mais básico de se lembrar é ter uma agenda que seja confortável. Dessa forma, um vendedor não precisa atender os clientes com pressa, falar com muita gente e, assim, terminar não vendendo nada. A maioria dos grandes vendedores tem uma agenda e metas de 90 dias por vez. Em outras palavras, eles trabalham muito por 90 dias, descansam cinco, depois trabalham duro por mais 90 dias e descansam outros cinco. Se ele trabalhar diligentemente por três períodos de 90 dias de cada vez, no quarto período de igual duração ele terá dinheiro suficiente para sair e tirar férias. Quase todos os mestres do mundo trabalham nove meses ao ano. Eles não se permitem, de modo algum, ser acorrentados ao trabalho.

O grande vendedor é muito caprichoso e autossuficiente. Se sentir que a diretoria está tentando encurralá-lo, ou ameaçando seu espaço de execução, ele partirá para outra e encontrará uma empresa em que acredite que possa respirar e ser ele mesmo.

Eu trabalho o quanto eu quiser, me divirto o quanto eu quiser e nunca deixo que um lado interfira no outro.

Jerry Sikes, Sidney, Austrália

Fato 20. **O segredo do destino**

Qualquer vendedor profissional do mundo tem uma obstinação com a qual convive noite e dia, que é a de conseguir sua independência financeira. Os grandes vendedores sabem que têm o talento e a força para tornar esse sonho realidade, mas circunstâncias imprevistas costumam aparecer, fazendo com que essa realização pareça cada vez mais distante a cada ano que passa. Essa é uma das razões pelas quais os mestres das vendas são tão inquietos e ávidos por encontrar a empresa certa ou a oportunidade de se estabelecer e acumular dinheiro suficiente para dar início ao próprio negócio ou à própria equipe de vendas, o que por sua vez lhes recompensaria com o capital necessário para realizar seu sonho.

A pior coisa que pode acontecer a um mestre das vendas é que ele comece a ter dúvidas ou esqueça seus verdadeiros objetivos de vida, tornando-se complacente; assim, ele vai lentamente desistindo e cedendo, enquanto aceita a ideia de que o pagamento de uma boa comissão já é suficiente. Esse tipo de atitude detectiva é um insulto para qualquer vendedor que tenha sido abençoado com muitos dons e técnicas de lidar com as pessoas. Os grandes vendedores têm obrigação de viver seus sonhos. Eles têm tudo para alcançar êxito, assim como a obrigação de tocar o coração do próximo, fazendo deste mundo – a longo prazo – um mundo melhor.

O trecho seguinte foi retirado de uma carta escrita há 50 anos, endereçada a um rapaz e redigida pelo seu pai, que foi um dos maiores banqueiros de Santiago do Chile. Esta parte sobre o destino foi traduzida do espanhol.

O segredo do destino

Seu destino é descoberto e revelado através de seus sonhos e crenças, que reforçam seu desejo de agir e de seguir sua paixão. Em todos os dias de sua vida, você é lembrado, pelos seus pensamentos, de seu objetivo de vida: a máxima razão de sua existência e a responsabilidade que lhe foi dada. Na verdade, você só tem a obrigação de ouvir a si mesmo e de fazer o que quiser, desde que respeitando os outros. O segredo de seu destino é forjado pelos talentos e pela sabedoria que você possui, firmemente interligado à experiência que, ao longo dos tempos, abre as portas das possibilidades e revela a estrada que você deve trilhar em direção à prosperidade. Todo mundo vive para um propósito, mas muitos não seguem o caminho que foi traçado para alcançá-lo. Eles não entendem ou não valorizam seu potencial; desprezam o próprio talento, achando que é algo banal, ou ignoram os dons designados por Deus, que são oferecidos para serem utilizados e que afetam positivamente a Terra e o homem.

O mestre das vendas exige liberdade e independência para buscar seu destino. Ele precisa de força e determinação para ser dono do próprio caminho, sem o peso da desconfiança, do ceticismo ou da inveja alheia, abusos mesquinhos que podem manter uma pessoa prisioneira ou redirecionar suas ambições. Os mestres sabem que quando uma pessoa se curva diante dos caprichos e desejos de outra, esquecendo-se de si próprio, a persona especial daquela pessoa vai acabar se perdendo, aos poucos desaparecendo nas sombras da tristeza, que escondem os menores raios de esperança.

O vendedor perdido procura o que está perdido e o vendedor próspero procura o que é próspero, enquanto aquele que só conta consigo é procurado por ambos.

– William Stewart, Glasgow, Escócia

E isso conclui o Capítulo 2 deste livro. O próximo assunto a ser discutido são fatos importantes que os vendedores relâmpago têm descoberto ao longo dos anos sobre seus clientes. Mesmo nessa era high-tech de maravilhas eletrônicas e fibras ópticas nanotecnológicas, o talento para se lidar com pessoas será sempre necessário. Não importa se a comunicação será feita através de computadores, telefones via satélite ou qualquer outro método: os vendedores continuarão tendo que entender a natureza humana, o porquê de as pessoas se comportarem de determinada maneira e pensarem de certa forma. A profissão de vendedor sempre vai se basear na psicologia, que é, simplesmente, a ciência das pessoas.

Sempre se falará do vendedor mau e injusto, mas o vendedor bom e justo será lembrado para sempre.

Linda Rollow, Denver, EUA

3

O que os vendedores relâmpago sabem e compreendem sobre os clientes

A razão direciona as ações dos clientes, enquanto as emoções as controlam.

George Westbrook, Memphis, EUA

Nas próximas páginas, os vendedores relâmpago revelam o que aprenderam sobre os clientes ao redor do mundo. O conhecimento e as conclusões que se seguem provêm de muitos anos de experiência. O leitor deve ter em mente que tudo o que foi escrito neste livro vem da sabedoria dos melhores fechadores de venda da face da Terra.

Se você realmente se conhece e se entende, então, pode controlar seu mundo, mas se você escuta, conhece e compreende os outros, então, você pode controlar o mundo inteiro.

Evelyn Scott, Oxford, Inglaterra

Fato 1. **Consumidores não são complicados**

Todas as pessoas do mundo são compradoras várias vezes ao dia, todos os dias, ano após ano. Todos, independentemente da situação de vida, da origem, do país ou da religião, se transformam em consumidores, com todo o comportamento e pensamento próprios, no momento em que vão às compras ou trocam ideia e crenças umas com as outras. Quando alguém se põe no papel de comprador, todas as regras se voltam em favor do vendedor relâmpago, porque o mestre é um especialista quando lida com relacionamentos individuais.

Qualquer um, quando se encontra no papel de consumidor, basicamente se comporta e pensa da mesma maneira. É verdade que as desculpas ou histórias serão diferentes até certo ponto, mas seu comportamento básico e sua filosofia geral dificilmente mudarão. O bom vendedor aprendeu, ao longo dos anos, uma lição muito valiosa em relação aos consumidores: os clientes são simples. Agora, isto não quer dizer que eles sejam ingênuos, muito pelo contrário. Significa apenas que os consumidores querem que quatro condições sejam atendidas antes de comprarem um produto: um, eles não querem ouvir mentiras, ser tapeados; dois, querem um preço bom e justo; três, querem um produto confiável e de boa qualidade; e quatro, querem um produto do qual se orgulhem. Se um grande vendedor consegue satisfazer todas essas quatro condições, ao mesmo tempo em que se torna amigo do cliente e o deixa sentir-se à vontade, a venda será concretizada.

Os consumidores querem se sentir tranquilos durante a apresentação do produto que pretendem comprar, e o mestre cria uma atmosfera confortável ao ouvir os clientes com interesse, fazendo com que se sintam importantes. Assim, os compradores ficam com a sensação de serem valorizados, o que reforça a própria autoconfiança. Os consumidores gostam de comprar, e querem fazer isso, desde que não haja um impedimento financeiro. Mais uma vez, os consumidores não são tão complicados quanto possam parecer.

Trate sempre as pessoas como se elas fossem importantes e trate as pessoas importantes com respeito.

Anônimo

Fato 2. **É difícil não gostar de pessoas que gostam de você**

O vendedor relâmpago depende bastante deste segredo importantíssimo que se refere à natureza humana: "Não existe uma pessoa no mundo que consiga não gostar de alguém que a estime ou a faça rir." Bem, uma pessoa pode não gostar das atitudes, dos hábitos ou do comportamento de outra, mas odiar alguém que transmite uma genuína amizade é quase impossível. Essa é uma regra básica do comportamento humano da qual os mestres tiram grande proveito. Ele vai, por exemplo, encontrar algo que ele aprecie no cliente e, então, fazer um comentário positivo e sincero sobre isso.

Nota: Os clientes sabem o que eles próprios têm de bom e o que não é tão bom assim em si mesmos, portanto, é melhor que o vendedor seja honesto quando fizer seu comentário, ou seu elogio pode ser mal-interpretado como sendo falso ou puxa-saquismo barato.

Agora, quando o vendedor faz um comentário amigável, com o qual o comprador se sente valorizado e orgulhoso, este vai automaticamente, e sem qualquer reserva, gostar do vendedor.

Sendo assim, o cliente vai ouvi-lo; por conseguinte, vai acreditar nele, e, tendo condições financeiras para comprar o produto, vai fazê-lo. Simples assim.

A maneira como um comprador se veste reflete sua personalidade, porque a maioria das pessoas não vai vestir uma coisa da qual não se orgulhe.

Carl Stikes, Pretória, África do Sul

Fato 3. **Consumidores satisfeitos x consumidores insatisfeitos**

Esse é um fato de que a maioria dos vendedores não se dá conta, mas que todos os mestres conhecem. Se um mestre vende para um comprador que fica satisfeito, este vai contar, em média, a duas ou três outras pessoas sobre a experiência. Se, pelo contrário, o cliente ficar insatisfeito, este vai contar, em média, para oito ou dez pessoas. Isso, evidentemente, não ajuda ninguém. Independentemente de como o vendedor deixe o cliente, com ou sem venda, ele precisa se certificar de que o cliente perceba que foi tratado com justiça e que encontrou um novo amigo. O mestre nunca deixa um cliente que esteja irritado ou com raiva ir embora; ele sempre terá tempo de acalmar o consumidor, se necessário, e fazer com que saiba que ele é bem-vindo para voltar no momento que quiser. Se um vendedor achar que faz bem ou que é legal para seu ego "queimar" um comprador, então, ele é um idiota.

Nota: Há muitos anos, havia um fabricante muito importante que vendia, a cada dez produtos, um com defeito para nove bons. Observe que esse percentual de 10% era intencional, de modo que o consumidor que comprasse o produto ruim voltaria à empresa, reclamando e irritado. Quando isso acontecia, o diretor de vendas se desculpava profundamente pelo episódio e imediatamente substituía o produto defeituoso por um bom e dizia ao comprador que, daquele momento em diante, ele seria a única pessoa a quem chamar se precisasse de alguma coisa, eliminando assim qualquer intermediário. O diretor de vendas também dava ao consumidor alguns brindes, como canetas, calendários, chapéus etc., para fazê-lo se sentir especial. Lembre-se, leitor, de que todo esse exercício foi planejado e calculado pela empresa, porque a divisão de vendas daquela companhia sabia que se um cliente insatisfeito passasse a ser tratado como um VIP, depois de descobrir que o produto tinha um defeito ou que não era aquilo que ele esperava, ele agora se transformaria num grande representante de vendas e garoto propaganda da empresa, trazendo novos clientes a um custo bem menor do que o gasto pela empresa em publicidade. Claro que isso não é maneira de se fazer negócios, mas, naquela época, a prática da empresa de transformar consumidores insatisfeitos em clientes satisfeitos e de se utilizar do cliente VIP para gerar novas vendas funcionou multíssimo bem.

Os melhores vendedores sempre fazem amigos, mesmo quando percorrem uma estrada rumo ao desconhecido.

Juan Garcia, Marbella, Espanha

Fato 4. **As seis grandes razões pelas quais os consumidores não compram**

Depois de tudo o que foi dito, existem apenas seis desculpas básicas para os consumidores não comprarem. São as seguintes:

1. O cliente não entende o que o vendedor está dizendo. Esse problema geralmente acontece quando muitos detalhes são citados, confundindo o possível comprador. Ou, ainda o próprio vendedor não conhece o produto

e, em vez de admitir que não tem todas as respostas ou de fazer uma apresentação simples e objetiva, começa a falar em círculos. De qualquer modo, se o consumidor não compra por conta de uma situação desse tipo, a culpa é exclusivamente do vendedor.

2. O cliente simplesmente não se importa com o vendedor. Se for este o caso, e pode haver umas 100 razões pelo fato de o vendedor e o comprador não se entenderem, a venda está perdida. A questão é que, se o comprador não gosta do vendedor, com certeza, não haverá negócios, e isso é garantido.
3. O consumidor não acredita no que o vendedor está falando, seja sobre si mesmo, sobre a empresa que ele representa ou sobre o produto. Novamente, se o vendedor se encontra neste tipo de armadilha, ele só pode ter raiva de uma pessoa: dele mesmo.
4. O consumidor simplesmente não gosta do produto que lhe mostram ou da empresa que o fabrica. Em casos como esse, o vendedor vai apresentar outro produto, que seja adequado às necessidades do cliente, se possível, ou, mantendo intacta a atmosfera de educação e confiança, deixar o cliente ir embora. Mesmo que uma venda não tenha sido realizada, o vendedor relâmpago deve sempre ter a nobreza de ser gentil e profissional, enquanto espera pelo próximo cliente.
5. O consumidor tem medo de decidir sem a aprovação de alguém em que ele confie, de se comprometer ou de não conseguir pagar pelo produto. É aqui que o bom vendedor faz valer a comissão que recebe. Para ajudar o consumidor a superar sua indecisão, ele eleva a autoconfiança do cliente assegurando-lhe que

está tomando a decisão correta. O mestre, constantemente, reforça a decisão de compra do cliente com afirmações sólidas e positivas antes e depois de a compra ser realizada. Lembre-se de que, nesse tipo de situação, o vendedor precisa fazer o comprador acreditar nele, massagear seu ego e aumentar sua coragem. Se essas duas práticas não forem utilizadas, não haverá venda.

6. O consumidor, simplesmente, não tem o dinheiro necessário e não pode pagar pelo produto. Quando o vendedor depara com essa situação, a única coisa que pode fazer é dar ao cliente algumas informações sobre o produto e, com o máximo de educação, deixá-lo ir. Lembre-se: nunca humilhe ou diminua alguém que honestamente não tenha condições financeiras para comprar. Trate esses clientes com o mesmo respeito usado com aqueles que compram. É a única atitude correta a se tomar.

Nota: No Capítulo 7 deste livro, será explicado em detalhes como superar determinadas condições e objeções.

Vendedores podem aprender muito com clientes que veem o mundo de uma maneira diferente.

Randy Singelton, Windsor, Canadá

Fato 5. Trate todos os clientes como se fossem milionários

Há trinta anos, na Suécia, uma equipe de cientistas internacionais ligou monitores eletrônicos à cabeça de pacientes voluntários e gravaram as ondas do cérebro que mostravam quantos pensamentos um ser humano produzia em um período de 24 horas. Essa experiência foi posteriormente repetida, durante dez anos, em 20 países. O que os médicos e cientistas suecos descobriram foi significativo: uma pessoa comum, independentemente de qualquer fator, tinha cerca de 97 mil pensamentos durante as horas em que estava acordada. Usando percentuais baseados em comprovadas descobertas de razões matemáticas, os cientistas asseguraram que, desses pensamentos, pelo menos um deles, se devidamente cultivado e trabalhado, poderia valer 1 milhão de dólares. Sabendo disso, o vendedor relâmpago sabe que todo cliente com quem ele fala tem potencial para ficar multimilionário; com isso em mente, os mestres tratam todos os clientes como se já fossem muito ricos, aumentando assim seu percentual de vendas devido à atitude positiva e respeitosa. A lição aqui é muito simples. Se você trata as pessoas como se elas valessem 1 milhão de dólares, existe uma grande chance de elas fazerem negócio com você! Os consumidores gostam de se sentir especiais, e os mestres em vendas não os decepcionarão.

> Se eu conseguir vender pequenas coisas para meu cliente, então, sei que poderei vender coisas maiores, mais tarde.
>
> *Ivan Javick, Varsóvia, Polônia*

Fato 6. **O relógio e o telefone celular de um cliente dizem tudo sobre ele**

Acredite se quiser: o relógio de pulso e o telefone celular dizem muitas coisas sobre a personalidade de um cliente a um grande vendedor. Lembre-se de que as pessoas não vestem ou usam uma coisa da qual têm vergonha. Ao se falar de relógios, sempre haverá algumas exceções. Por exemplo, pessoas que trabalham em construções precisarão de um relógio forte e confiável, enquanto enfermeiras profissionais precisam de relógios com ponteiro de segundos. Nesse estudo de relógios e clientes em geral, as observações a seguir geralmente dão ao vendedor relâmpago um ótimo esboço da personalidade do cliente. Mais uma vez, sempre existirão casos em que essas "regras de relógio" não vão se aplicar, mas na maioria das situações tal objeto já diz tudo. Para começar, suponhamos que o grande vendedor esteja atendendo um casal de idosos, sendo que o homem está usando um relógio simples, com números grandes e pulseira de couro. Há grandes chances de que o cliente seja conservador, precise dos números grandes por problemas de visão e tenha muito dinheiro no banco. Ou digamos que o cliente seja um jovem empunhando um relógio falsificado de ouro. Bem, parece bastante correto rotular essa pessoa de "aspirante" que está usando um relógio "pirata" ou falsificado porque não pode pagar por um original. O vendedor relâmpago sabe tratar um cliente como se ele fosse realmente rico, e esse tipo de consumidor aspirante vai se encurralar o tempo todo, devido ao seu ego, e acabar comprando o produto do vendedor. Se o possível comprador estiver usando um relógio com forte apelo de design, essa pessoa pode ser uma individualista que vai comprar o que bem entender, sem se preocupar com o que os outros vão pensar. Se, por outro lado, está usando um relógio com muitos alarmes e sons, provavelmente se trata de um comprador compulsivo. Agora, se estiver usando um relógio de ouro legítimo ou um relógio de ouro com uma pulseira de crocodilo, há grandes chances de esse cliente poder comprar seu produto. Se o cliente não estiver usando relógio, pergunte por que não, e imediatamente ele explicará e contará ao vendedor mais sobre si mesmo do que pretendia.

Quanto ao telefone celular, o mestre pode dizer muita coisa sobre a personalidade do cliente de acordo com o modelo. Se o aparelho tiver muitas funções diferentes e for relativamente caro, o cliente, provavelmente, tem dinheiro. Se, pelo contrário, for barato, o consumidor provavelmente tem algum dinheiro. Se o cliente tiver um equipamento de comunicação completo, com todo o aparato de alta tecnologia, o vendedor deve pedir uma demonstração ao cliente. Isso faz o ego do possível comprador crescer e torna a venda bem mais fácil de ser feita.

Nota: Clientes com egos inflados sempre ficam encurralados ao lidar com um grande vendedor.

Todo mundo é uma obra-prima se as outras pessoas apenas tiverem o cuidado de olhar.

William Santiago, Pueblo, México

Fato 7. **Todas as pessoas singulares compram**

Bem, esta é uma afirmação estranha, mas verdadeira. Todas as pessoas excêntricas e de caráter singular compram. Quando o vendedor relâmpago depara com alguma pessoa desse tipo, ele vai lidar com as esquisitices dela até certo ponto, mas sem perder o controle. O mestre ouvirá atentamente as histórias do cliente e mostrará interesse pelo que ele estiver dizendo. Todo cliente que for ou agir de maneira fora do comum vai comprar, desde que o grande vendedor pareça se divertir com ele, mostrando-se fascinado pela sua personalidade e pelas suas estripulias. A lição principal aqui é tratar cada cliente como se ele fosse a pessoa mais original e interessante do mundo. Dê a todos os possíveis consumidores a atenção e a cortesia que desejarem. Seja humilde e divertido, fazendo com que cada pessoa se sinta querida e desejada. Se a pessoa sentir essa atenção, e interpretá-la como sendo sincera, haverá uma venda.

Nunca ria das cicatrizes de outra pessoa, porque você não estava lá na hora em que ela se feriu.

Anônimo

Fato 8. **A maioria dos consumidores aceita correr riscos**

Muitos vendedores não percebem, mas a maioria dos consumidores está disposta a correr riscos. Isso porque, toda vez que um cliente entra para comprar em um ambiente a que ele não está acostumado, pronto para encontrar um vendedor que ele nunca viu, assim como para ser seduzido ou massacrado, ele, para ser bem claro, está correndo um risco. Pode-se garantir que o mestre vai usar a coragem e a curiosidade do cliente em proveito próprio. Por exemplo, se o consumidor hesita em comprar o produto que está sendo apresentado pelo vendedor, ou tenta se apoiar em alguma desculpa pouco convincente para não levar a mercadoria, o vendedor relâmpago pode lembrá-lo das suas qualidades positivas, sua autoconfiança e sua coragem para tomar decisões.

Alguns compradores têm medo de acreditar, porque têm medo de que aquilo em que tanto desejam acreditar não seja verdade

Francisco Coelmenaris, Madri, Espanha

A alma do cliente se divide em três: primeiro o espírito, depois a razão e depois o desejo. Se todas as três forem satisfeitas, a venda está feita.

Ian Armon, Tel Aviv, Israel

Fato 9. **A Combinação Mágica: 7 – 35 – 58**

Os vendedores relâmpago têm êxito por entender o importantíssimo fato a respeito das vendas, a seguir: depois que uma venda é feita (ou não), o cliente só vai se lembrar de três pontos importantes sobre o vendedor. Se essa lembrança total for de 100%, ela vai se dividir da seguinte maneira: 7% do que o que cliente normal se lembrar, de toda a apresentação do vendedor, vai se referir ao que foi falado. Em seguida, vai recordar-se do tom de voz daquele que o atendeu, o que responde por um impacto de 35%. E por fim, o fator mais lembrado, correspondente a 58% da recordação, é a expressão facial do vendedor. Portanto, muitas vezes um sorriso sincero vale mais do que mil palavras. Os possíveis clientes querem ver que o vendedor se preocupa genuinamente com eles, e um certo "olhar" que o mestre dê ao cliente, na hora certa e no lugar certo, pode ser aquele empurrãozinho necessário para fechar o negócio.

Dê aos clientes a chance de eles se sentirem importantes. Se você fizer isso, agirá e se comportará como se eles fossem importantes.

Dan Litten, Nova York, EUA

Fato 10. **Os clientes mentem**

Isso pode não ser politicamente correto de se escrever, mas já que este é meu último livro sobre vendas, por que não contar tudo logo?

A maioria dos clientes, se não todos, mente para o vendedor durante a apresentação de vendas. É isso mesmo: eles mentem e contam histórias por muitas razões diferentes. A maior parte delas é ridícula e sem sentido, enquanto outras são barreiras protetoras com o propósito de evitar constrangimentos ou alguma situação desagradável. Qualquer que seja o caso, os consumidores estão sempre prontos para contar umas mentirinhas aqui e ali.

Toda vez que um vendedor percebe uma mentira, isso só prova que o próprio está se aproximando da verdade ou que está pressionando o cliente, a ponto de fazê-lo se sentir desconfortável em relação a algum ponto ou assunto em questão. O vendedor relâmpago vai usar o seu dom de persuasão para, com muito tato, colocar o cliente numa posição psicológica em que a verdade aparecerá, mais cedo ou mais tarde.

Nota: No Capítulo 7 deste livro, vamos analisar e explicar o fechamento com clientes e o "posicionamento psicológico" com mais detalhes.

Antes de enfrentar um vendedor relâmpago, a maioria dos clientes tem um plano de ação. Eles traçaram uma estratégia secreta com o propósito de se defender de qualquer vendedor mais agressivo ou se proteger contra emoções ou decisões de compra impulsivas. Felizmente, esses planos são como jogos dos sete erros, não sendo difícil para o vendedor relâmpago desvendá-lo enquanto avalia a situação, identificando os problemas, respondendo às objeções e fechando o negócio. Nenhum cliente chegará a uma loja com um plano de ação tão complexo quanto um quebra-cabeça. Se assim acontecer, o mais provável é que eles se confundam e acabem comprando.

Nota: A informação a seguir vem do Federal Bureau of Investigation (FBI) e da Scotland Yard inglesa. Existe uma "regra" geral usada pelas forças pessoais da lei para dizer se uma pessoa está mentindo ou não ao responder a uma pergunta. Essa regra, que provou estar correta em 95% das vezes, é a seguinte: se uma pessoa faz uma pergunta e aquela que responde olha para cima e para a esquerda, é porque está tentando se lembrar, o que significa que está falando a verdade. Se ela olhar para cima e para a direita, está tentando inventar ou construir uma resposta, o que, evidentemente, caracteriza uma mentira. O lado direito do cérebro humano é a área onde estão armazenadas as lembranças e as memórias. É ele que controla o lado esquerdo do corpo, incluindo o olho esquerdo, enquanto a parte esquerda do cérebro é responsável pela imaginação e pela criatividade; também regula o lado direito do corpo, inclusive o olho. Por isso, repetindo, se o cliente, ao responder uma pergunta, olhar para a esquerda, ele está dizendo a verdade; se olhar para a direita, é sinal de que está mentindo.

Nunca deixe um cliente confuso com informações demais.

Anônimo

Fato 11. **Deixe o cliente com sede**

Esta é uma lição simples que os grandes vendedores aprenderam em algum momento de sua vida profissional. Ela é bem básica, mas muito importante. A história a seguir, que ajuda a ilustrar a "sabedoria das vendas", tem origem no México. Certo dia, há muitos anos, um vendedor muito jovem e entusiasmado entrou no escritório do gerente de vendas e disse:

– Lembra daquela história que você me contou sobre assumir o controle e levar o cavalo até a água para fazê-lo beber? Bem, acabei de fazer isso com um cliente. Levei o cavalo até a água, mas não consigo fazê-lo beber.

O experiente gerente de vendas, então, olhou para ele e disse:

– Não, não, você entendeu tudo errado. Eu não disse para levar o cavalo até a água e fazê-lo beber, mas para deixá-lo lá com sede, para aí, então, ele beber por conta própria.

Isso é o que os mestres das vendas fazem com seus clientes. Eles os deixam sedentos pelo seu produto. É muito mais fácil conseguir a venda dessa maneira do que pressioná-los ao fim da apresentação.

Os mestres põem os clientes no jogo desde o primeiro momento em que os encontram. Durante toda a apresentação de venda, o vendedor fala sobre a maravilha que é o produto e explica como o consumidor será beneficiado, sentindo-se orgulhoso de ser dono do produto. O vendedor está sempre se conectando com o ego e a personalidade do cliente, fazendo com que se sinta ligado e à vontade com o produto.

Nota: Quando o cliente realmente quer um produto, ele pode decidir comprar em qualquer momento da apresentação de venda, se o vendedor apenas perguntar. Este deve estar sempre preparado para fechar a venda no momento em que as emoções e o nível de estímulo do comprador estiverem suficientemente altos.

Nota: O nível de estímulo e das emoções do cliente mais o "timing perfeito" serão discutidos em mais detalhes no Capítulo 7 do livro.

Os vendedores relâmpago são profissionais que podem vender a qualquer pessoa, a qualquer hora, e certamente ajuda que o cliente já esteja lambendo os beiços, e sedento.

Hoje em dia, muitos vendedores pensam que ser muito amigo dos clientes, rir e chorar com eles, é coisa que se fazia antigamente. Mas as emoções desempenham um papel importante em qualquer promoção ou apresentação de vendas. Não importa o quanto a raça humana se sofistique tecnologicamente, as pessoas sempre precisarão da companhia e do conforto de outras pessoas. Os melhores vendedores precisam ter o talento para captar as opiniões e paixões das pessoas mesmo antes de elas falarem qualquer coisa. Eles sabem reconhecer quando os clientes têm medos e preocupações, e sempre procuram algum sinal revelador que abra a porta para os sentimentos de uma pessoa.

Coisa de antigamente? Acho que não. Existem muitas pessoas no mundo que só podem se agarrar à esperança. O grande vendedor sabe como fazer para que nunca prive alguém dessa esperança, já que ela pode ser a última coisa que uma pessoa tem. Os clientes vão comprar se esse produto ajudá-los a conseguir alguma coisa ou aproximá-los de seus sonhos, e a esperança é um fator-chave que faz com que ajam e corram riscos. Muitos clientes dependem da própria esperança e do próprio poder porque isso lhes dá incentivo para se tornar a pessoa que desejam ser. A esperança é um fator muito instigante e persuasivo com a qual os vendedores relâmpago podem contar (e usar), sempre cientes da delicadeza da questão.

A esperança faz com que as pessoas se levantem mais vezes do que caiam.

Barbara Simms, São Francisco, EUA

Fato 12. **Vendedores que os clientes não respeitam**

Clientes podem ser muitas coisas, mas poucos são burros. E eles começarão a avaliar o vendedor a partir do momento em que forem apresentados. Os possíveis consumidores, muitas vezes, desconfiam de que os vendedores não sejam tão simpáticos e bondosos quanto tentam parecer; percebem que o vendedor quer conseguir logo a venda e que conta com uma dúzia de truques para fazer isso acontecer. Os consumidores percebem imediatamente quando um deles se acha ou não está sendo realmente sincero; geralmente, podem dizer se um vendedor não se importa com eles ou com o produto, ou se está mentindo, porque a paixão que um vendedor tem pelas vendas, aquela energia que deveria consumir todo o seu ser, não estará presente.

Nota: Quando um vendedor está "relaxado" ou agindo como se não estivesse interessado em vender o produto, isto pode ser muito bem uma técnica estratégica. Nesta seção (Fato 12) só estamos discutindo a impressão que o cliente tem do vendedor, nada mais.

Os clientes percebem, e não respeitam, um sorriso ou um cumprimento falso; podem dizer se um vendedor está nervoso ou inseguro e percebem como as outras pessoas tratam o vendedor e se dirigem a ele; podem ficar muito irritados e perturbados quando pensam que estão sendo ignorados, tidos como compradores certos ou que estão fazendo papel de bobos; e podem se irritar e não respeitar uma atitude excessivamente blasé.

Os clientes, sem exceção, querem ser tratados como se fossem as pessoas mais influentes e bem-sucedidas com quem o vendedor já tenha falado há muito tempo, e não vão engolir ou tolerar um vendedor que os trate de outra forma. E vão fazer tudo o que estiver ao seu alcance para comprar o produto de um vendedor de quem eles gostem para não ter que comprar de alguém com quem eles não se importem.

Se eu falar sem parar por 45 minutos, o meu cliente vai perder o interesse. Se eu continuo a falar ininterruptamente por mais de uma hora, o cliente começa a dormir.

Don Shofner, Tampa, EUA

Fato 13. **Os clientes querem confiar nos vendedores relâmpago**

Não existe nada de que os clientes gostem mais do que tratar com um vendedor em quem eles possam acreditar e confiar, alguém que eles possam recomendar aos amigos de peito aberto. Os possíveis compradores querem um vendedor que seja firme em suas convicções, que seja paciente sob pressão e que argumente com honestidade. Querem um vendedor que lute em favor do cliente e cuide das coisas caso o produto tenha, ou venha a ter, algum problema. Os consumidores não comprarão de um vendedor que não os encare diretamente. E se um deles se sentir pouco à vontade perto de um vendedor, pelo motivo que for, ou desconfiar que o vendedor não é uma pessoa a quem ele gostaria de revelar sua situação financeira, então, tudo está perdido; os clientes querem ser tratados com dignidade e esperam que o vendedor os informe e os ensine corretamente a respeito do produto. Se o possível comprador pensar, por um minuto sequer, que o vendedor está mal-informado, ultrapassado ou não tem educação, a venda não será efetuada. Os clientes querem vendedores com quem possam se comunicar facilmente e de quem possam esperar clareza e um excelente serviço.

As pessoas vão comprar você porque você as comprou primeiro.

Demarco Avanti, Lago Como, Itália

Fato 14. Os clientes profissionais e empresários

O que vem a seguir é um resumo de padrões gerais de hábitos e de pensamentos específicos de certos tipos de consumidor. Claro que é importante observar que estou generalizando. No entanto, esse resumo se aplica a quase todas as experiências que tive, e acredito que possa ajudar o vendedor a fazer apresentações de venda mais eficazes ao lidar com os clientes das categorias citadas.

1. Contadores

Normalmente céticos e conservadores na forma de pensar, precisam estudar todos os aspectos financeiros de um produto ou serviço antes de comprar. Geralmente pode-se fechar uma venda com um contador usando uma apresentação negativa, aplicando-se constantemente uma pressão intimidatória. Um vendedor relâmpago deve sempre fazer com que o contador ache que está no controle. Esse tipo de cliente vai se deixar enganar na maioria das vezes.

2. Pilotos de avião

Pilotos são tomadores de decisão e, portanto, individualistas, com alto grau de orgulho profissional. Normalmente, são pessoas simpáticas, afáveis e de mente aberta, além de lógicas e otimistas. São grandes consumidores, em todos os casos. Pode-se fechar uma venda com eles inflando seus egos e demonstrando respeito pela sua profissão. Uma apresentação de vendas entusiástica é muito importante para fazer com que eles fiquem motivados a comprar.

3. Artistas

Artistas tendem a ver tudo sob uma luz diferente da do cliente comum. Podem ter uma visão otimista ou pessimista, dependendo de como estiver seu humor. Tendem também a se aproximar de seu produto ou serviço de uma maneira casual. Pode-se fechar uma venda com artistas demonstrando-se as vantagens de se ter tal produto ou serviço. Uma pressão constante, clara e precisa é geralmente necessária durante a apresentação para se assegurar de que eles realmente responderão ao que você pretende.

4. Banqueiros

Assim como os contadores, banqueiros são geralmente conservadores e céticos. Como são pessoas que pensam e analisam, não são consumidores muito emocionais, e é bem provável que eles estudem e destrinchem um produto em separado, com muita intensidade. Geralmente, não gostam de ser pressionados e querem que tudo na apresentação seja organizado. Pode-se fechar com um banqueiro a partir de uma apresentação negativa, se isso for feito com um ar de profissionalismo confiante. Uma razoável pressão pode funcionar se usada num fechamento casual e bem-pensado.

5. Cabeleireiros

Cabeleireiros são normalmente independentes e sabem como tomar uma decisão; podem ser criativos e geralmente têm uma visão de mundo otimista. São artistas até certo ponto, já que possuem algumas características semelhantes, só que são mais práticos, sendo muitas vezes donos do próprio negócio. Pode-se fechar uma venda com cabeleireiros com uma apresentação positiva, lógica e sólida. As chaves são o entusiasmo e as vantagens de ter o domínio do produto.

6. Barmen e donos de boates

Barmen e donos de boates são pessoas de pensamento aberto, que sabem como tomar uma decisão. São bons consumidores e, em geral, tomam decisões de compras muito rapidamente. Por causa de seu viés independente, sabem o que querem e correm atrás. São sociáveis, compreensivos e automotivados. Também são ótimos para dar referências. Pode-se fechar com eles usando uma apresentação de vendas positiva e entusiástica, demonstrando muita emoção.

7. Técnicos esportivos

Técnicos podem tomar decisões de compra, mas precisam ser conduzidos porque, às vezes, se sentem perdidos quando estão longe da equipe que lideram. Não são tão automotivados como seria de se esperar. Querem um bom negócio e não costumam se preocupar com detalhes. A melhor maneira de se fechar com técnicos esportivos é trabalhando em cima do ego e do orgulho deles. Uma apresentação com pressão positiva deve ser usada. O vendedor deve tentar fazer com que o cliente fale da sua profissão – da qual, geralmente, ele gosta bastante. Você deve tentar ser simpático e deixá-lo à vontade antes de partir para o fechamento.

8. Profissionais de tecnologia e de informática

Em geral, as pessoas nessas profissões não são muito emocionais. Tenha todos os argumentos e números à mão e você pode encantá-los com informações que outros clientes mal dariam importância. Não tente falar demais com eles, ou você poderá assustá-los. Geralmente, pode-se conseguir a venda com um fechamento de pressão e intimidação constante. Normalmente, precisam ser empurrados até a hora da venda. Para conseguir isso, o vendedor deve, primeiro, aumentar a confiança deles e tentar fazê-los se sentir especiais.

9. Profissionais da construção civil

São geralmente muito zelosos com o dinheiro e só vão comprar se conhecerem as vantagens do produto. Fazem parte de um grupo positivo e que toma decisões rápidas. Não exigirão muitos detalhes, mas querem ter certeza da qualidade. São pessoas simpáticas e dispostas a arriscar um pouco. São consumidores muito sérios o tempo todo. Pode-se fechar com eles mostrando uma vantagem financeira lógica e entusiasmo com o produto. Deve-se usar uma apresentação positiva, agressiva. O vendedor deve permitir que esses clientes exerçam algum tipo de controle. E eles respondem especialmente quando se foca no benefício de ser dono do produto ou de se usar o serviço.

10. Dentistas

A maioria dos dentistas não exibe o ar de importância que muitos médicos têm, mas mesmo assim gostam de pensar e analisar, e não são consumidores impulsivos. Querem lógica e fatos no que se refere à apresentação e ao produto. São pessoas independentes, e tomarão uma decisão se o produto for apresentado de maneira profissional. Pode-se fechar com eles mostrando a realidade, a partir de uma apresentação de vendas simpática. Lembre-se de que eles também têm um negócio em que precisam lidar com pessoas, e, portanto, vão responder bem se o vendedor se abrir um pouco. Entusiasmo e boas maneiras são imprescindíveis para fechar uma venda com esse tipo de cliente.

11. Eletricistas, carpinteiros, encanadores etc.

São compradores e vão reagir por impulso caso se entusiasmem com um produto. Eles trabalham duro e gostam de gastar. São pessoas muito abertas, e só farão perguntas muito básicas na hora de comprar. Normalmente, são pouco detalhistas; só querem a satisfação de saber que fizeram um bom negócio. São muito bons para dar referências. Pode-se fechar com eles com uma apresentação de vendas positiva e entusiástica. Faça uso da amizade e de alguma liderança ao vender para eles. Um pouco de espetáculo também pode ajudar.

12. Engenheiros

Engenheiros, obviamente, são pessoas que gostam de números. Querem examinar e analisar tudo. São pensadores cuidadosos e às vezes protelam. Não são compradores impulsivos, e pode ser difícil motivá-los. Pensam logicamente e raciocinam dando pouco espaço para as emoções. Pode-se fechar com os engenheiros partindo de uma apresentação negativa, fazendo uso da lógica e da sinceridade. Eles devem achar que estão no controle, e deve-se permitir que comandem o diálogo, especialmente quando se tratar das áreas em que são especialistas. Eles geralmente vão se encurralar, se for dado tempo e se forem manipulados adequadamente pelo vendedor.

13. Profissionais da área do entretenimento

Esses profissionais normalmente são otimistas e agressivos. Podem ser muito independentes e teimosos na hora de decidir, mas são facilmente convencidos se estiverem motivados. Podem ser volúveis e precisam exercer algum tipo de liderança. Massageie seus egos. A melhor maneira de vender para eles é a partir de uma apresentação que seja cheia de emoção e entusiasmo. O vendedor deve fazer tudo que estiver ao seu alcance para que esse cliente se sinta importante e respeitado, algo a que ele já está muito acostumado e que, na maioria dos casos, espera.

14. Empreendedores

Os empreendedores podem assumir as rédeas de uma apresentação de vendas se você não tomar cuidado. São pessoas automotivadas, agressivas e otimistas. Também são pessoas de mente incrivelmente aberta, e pensam muito bem por si só. Eles podem e vão decidir por uma compra na hora. Esse tipo de profissional sabe como se comportar e sabe o que quer, portanto, é preciso que a venda proceda suavemente. Pode-se fechar uma venda com eles mostrando-se admiração e respeito pelas suas realizações. O vendedor deve fazer uma apresentação positiva e entusiasmada, enquanto, o tempo todo, massageia o ego desse tipo de cliente. Não os aborreça, ou você vai rapidamente ser página virada, já que eles buscarão outra forma de obter o seu produto ou serviço. Lembre-se de que eles também são ótimos vendedores, ou não seriam empreendedores. Portanto, não os subestime.

15. Executivos

Acredite ou não, executivos normalmente precisam de um líder na hora de fazer suas próprias compras. São pessoas automotivadas e otimistas, mas precisam de uma leve condução. Gostam de fazer um bom negócio e preferem pensar que eles mesmos decidiram pelo produto que estão comprando. Pode-se vender a eles com a maior facilidade, desde que seus egos sejam propriamente massageados. O vendedor deve mostrar profissionalismo e lógica, tratando o executivo como se ele fosse o dono da empresa, e não um gestor burocrático. Massageie o ego desse cliente e trabalhe sua capacidade de tomar decisões, que ele tomará uma decisão muito positiva no que se refere ao seu produto ou serviço.

16. Operários

Operários querem segurança para si e para suas famílias. São pessoas reservadas e muito conscientes do valor do dinheiro. O preço é importante para eles, portanto, estabeleça uma ligação nesse sentido. Eles querem ver provas dos atributos do produto. O vendedor não deve insistir demais porque esse tipo de cliente, geralmente, desconfia de vendedores. Concentre-se no fato de que eles podem comprar, nas garantias e nas condições de financiamento. Independentemente de como ele esteja vestido ou da maneira como fale, mantenha o respeito pelo cliente e nunca o deixe perceber que você está falando de cima para baixo, ou acabará perdendo a venda. Eles já viram isso acontecer muitas vezes, e, evidentemente, não gostaram. Trate-os bem, e eles comprarão com você.

17. Fazendeiros/agricultores

Fazendeiros e agricultores normalmente são individualistas ferrenhos. Podem tomar uma decisão quando bem-entenderem, mas são independentes e de mente aberta. São pessoas compreensivas e sociáveis, normalmente concedendo às pessoas o benefício da dúvida. Pode-se fechar com eles usando a lógica, a amizade ou uma apresentação de vendas entusiasmada e positiva. Eles comprarão bastante se acreditarem no vendedor.

18. Pessoal de socorro (bombeiros, paramédicos etc.)

Muitos bombeiros são agradáveis e compreensivos. Têm a mente aberta e são cautelosos e preocupados com a segurança. Pensam de maneira independente e conseguem tomar decisões de compra bem rapidamente. Geralmente apreciam um bom negócio e são excelentes para dar referências. São ótimos compradores. A melhor maneira de se fechar uma venda com eles é mostrando respeito pelo trabalho exercido por esse tipo de cliente. O vendedor também deve apresentar o produto com entusiasmo, enfatizando as vantagens de se ter o produto. O vendedor deve ouvir avidamente as "histórias do campo de batalha" que o cliente pode ser convocado a compartilhar.

19. Funcionários públicos

Funcionários públicos não são necessariamente motivados e podem precisar de uma certa liderança. Podem ser instigados, ficando entusiasmados, se lhes forem mostradas as vantagens de um produto ou serviço. São pessoas que valorizam a segurança, mas podem se transformar em compradores impulsivos. Normalmente, pode-se fechar um negócio com eles exercendo um pouco de pressão numa venda menos ousada. Também pode-se intimidá-los, com sucesso, a comprar alguma coisa. O vendedor pode usar amplamente o seu entusiasmo, mas sempre deve tentar um fechamento rápido e definitivo, antes que eles tenham a chance de mudar de ideia.

20. Juízes

Podem ser conservadores e ponderados ao tomar uma decisão. Não é preciso dizer que são compradores cautelosos, com uma atitude otimista. Eles trabalham com a lógica e a razão e não podem ser pressionados. Pode-se fechar com eles mostrando um enorme respeito pela sua profissão. A eles deve ser feita uma apresentação honesta, positiva e entusiástica. O vendedor deve mostrar cortesia e profissionalismo o tempo todo. Os juízes já viram de tudo e são muito bons em desmascarar impostores. Não tente passar dos limites com um cliente tão afiado assim.

21. Advogados

Alguns advogados tendem a se portar como se soubessem de tudo. São agressivos e vão tomar uma decisão quando necessário, mas geralmente precisam ser motivados e conduzidos. Pode-se fechar com eles massageando-se seus egos e levantando-se a bola deles cuidadosamente. O vendedor pode pressionar de forma positiva e deve mostrar profissionalismo para que o cliente não pense que ele é apenas mais um "vendedor que fala demais". Tome cuidado com a apresentação; um advogado esperto vai tentar lhe pegar num exagero ou numa mentira inofensiva.

22. Gerentes/administradores

Acredite ou não, pessoas como gerentes ou administradores geralmente precisam ser conduzidas à decisão. São pessoas afáveis, mas que se sentem deslocadas quando não estão no próprio ambiente. Normalmente, eles não têm uma mentalidade das mais abertas, mas podem ser levemente pressionados na hora da venda. Não são abertamente otimistas, mas podem ser motivados a comprar antes do esperado: basta mostrar respeito pelo trabalho deles e pelas grandes responsabilidades que têm nas mãos. Massageie o ego deles e trace paralelos entre o trabalho de vocês dois, mas sempre reconheça que o deles é mais complexo do que o seu. Faça um pouco de pressão e mencione o fato de que tomar decisões deve ser uma das maiores responsabilidades que eles têm, portanto, deve ser mais fácil para eles tomarem uma decisão do que um cliente comum.

23. Mecânicos

Mecânicos trabalham e também jogam duro. Querem melhorar sua qualidade de vida e priorizam segurança para a família. São receptivos e vão comprar se forem convencidos da qualidade do produto ou do serviço. São pessoas agradáveis e confiam em você até certo ponto. Pode-se vender para um mecânico fazendo-se uma apresentação entusiasmada e excitante. Na maioria das vezes, eles respondem à emoção mais do que à lógica. Eles comprarão muitas vezes se forem motivados a acreditarem nas vantagens que você apresentou. Podem ser pressionados de uma maneira positiva, mas discreta.

24. Militares – oficiais

Oficiais militares gostam de saber que estão no comando e tomando as decisões. São receptivos quando acham que estão sendo respeitados e que são o centro das atenções. Podem tomar uma decisão rapidamente, o que fazem na maioria das vezes. Podem ser motivados facilmente se o ego for massageado, porque eles adoram a si mesmos e sua capacidade de liderança. Pode-se fechar com eles dando-se a impressão de que eles arrancaram mais informação de você do que outros clientes conseguiram. Deixe-os sentir que estão por dentro de tudo a que se refere a venda e que estão comprando pelo conhecimento que têm do produto.

25. Militares – alistados

Os alistados das forças armadas sempre são excelentes compradores. Podem se interessar e adorar o produto que você apresentou sem que você tenha que se esforçar muito. São pessoas otimistas, com muita fé no futuro, procuram um bom negócio e se mostrarão muito confiantes. Eles podem ser efetivamente pressionados, e precisam de um pouco de liderança. Pode-se fechar com os alistados das forças armadas se for feita uma apresentação entusiástica. Demonstre respeito e amizade a esse consumidor.

26. Religiosos

Na minha experiência, alguns religiosos esperam um grande desconto ou ser tratados de maneira especial por conta de sua óbvia contribuição para a sociedade. Podem ser pressionados a comprar, mas têm tendência a desistir, e também ser guiados e motivados facilmente. Seus pensamentos são otimistas, e geralmente são pessoas simpáticas por causa de sua vocação e de sua experiência em lidar com pessoas. Pode-se fechar com eles com uma leve pressão e um pouquinho de intimidação. Podem ser encurralados facilmente com uma apresentação positiva. Com esse cliente, o vendedor pode ser agressivo, desde que também respeite a crença dele. Eles não querem que o vendedor minta para eles e são bastante requintados quando precisam julgar as pessoas. Ande na linha com esses compradores extremamente influentes e eles voltarão para comprar com você.

27. Enfermeiras

As enfermeiras têm orgulho da profissão e tomarão uma decisão mesmo que estejam só um pouquinho motivadas. São pessoas agressivas, e é mais provável que pensem sobre a maioria dos produtos com otimismo do que com pessimismo. Têm a mente aberta, são simpáticas e reagem melhor a uma apresentação amigável. Pode-se fechar com elas usando-se uma abordagem positiva e otimista. O vendedor tem que demonstrar entusiasmo e mostrar respeito pela profissão delas. Além disso, pode se valer da lógica, mas as emoções trazem resultados bem melhores.

28. Médicos

Muitos médicos são reflexivos, e vão acabar comprando depois de algum tempo – desde que se mostre a eles a lógica e as vantagens financeiras do produto ou serviço em questão. O vendedor pode fechar um negócio com qualquer médico se mostrar que é profissional e que se comporta de uma maneira respeitável; deve massagear o ego desse tipo de cliente, chamando-o de "doutor" e não de "seu"; e também deve se controlar e não ficar excessivamente impressionado com os títulos e as credenciais apresentados por eles. Além disso, observe que os médicos têm uma reputação muito merecida de serem péssimos empresários. É verdade. Eles já foram enganados muitas vezes, mas você deve se certificar de que vai fazer uma apresentação e uma negociação acima da média, ou eles vão lhe colocar na mesma categoria de muitos vendedores desonestos com os quais tiveram problemas no passado.

29. Policiais

Policiais pensam de maneira cética e geralmente tentam encontrar algum defeito nas apresentações de venda e nos produtos. Têm orgulho da profissão e demonstram isso. Podem ser bons clientes se for estabelecida alguma ligação comum ou de amizade. Gostam de fazer negócios com pessoas que demonstram apreço pela sua profissão. Deve-se utilizar uma apresentação entusiasmada e excitante. Ser amigável é muito útil com esse tipo de cliente, já que ele tem poucas chances de deparar com esse tipo de atitude no trabalho.

30. Professores universitários

Esses clientes são geralmente muito conservadores. Professores são, com toda certeza, seres pensantes, ruminam muito antes de comprar. São muito discretos e nada emocionais. Geralmente, fazem perguntas sobre o produto ou serviço que ninguém jamais pensaria em fazer. Pode-se fechar uma venda com eles demonstrando respeito e fazendo com que seus egos inflem. Esses profissionais devem ser elogiados pelo que questionam sobre o produto ou serviço, por mais estapafúrdio que seja. O vendedor deve tentar aprender alguma coisa com eles, ou pelo menos fazêlos acreditar que está aprendendo. Os professores devem, sempre, receber uma apresentação positiva e entusiástica de venda.

31. Aposentados

Os aposentados, geralmente, se preocupam muito com o futuro. Em geral, dispõem de uma renda muito limitada e são compradores ultraconservadores. São lentos em seus hábitos de compras e quando precisam tomar uma decisão. Eles não se atiram em nada, mostrando-se bem passivos até diante da apresentação de venda mais entusiasmada e agressiva. Mas, surpreendentemente, pode-se fechar uma venda com eles com uma apresentação que no início seja desse tipo, só para atrair sua atenção; depois, usando a lógica e uma técnica de venda discreta, o vendedor pode estimular as emoções e o espírito desses possíveis compradores. O vendedor deve tentar inspirar confiança, utilizando-se de sinceridade e compreensão com seus potenciais clientes aposentados. Eles são excelentes para dar referências, porque, em geral, vivem em comunidades com muitos outros aposentados, que confiarão nas recomendações dos amigos.

32. Vendedores

Acredite se quiser: pode-se vender praticamente qualquer coisa para um vendedor. Eles são, geralmente, vigorosos e independentes. Também pensam positivamente e tomarão decisões impulsivas ao comprar. São motivados e otimistas – sempre à procura de um bom negócio, pensando que encontrarão um. A melhor maneira de se fechar com eles é fazê-los sentir que conhecem os detalhes menos aparentes do produto. Deve-se satisfazer cuidadosamente os egos desse tipo de profissional, demonstrando-se entusiasmo e respeito por seu conhecimento de vendas e pelo fato de exercerem a mesma profissão. O vendedor deve, primeiro, instigar suavemente os vendedores (clientes) e, depois, deixá-los se encurralar. A pressão e a intimidação não funcionarão porque eles usam esse mesmo tipo de truque e vão saber exatamente o que você está fazendo.

33. Professores de escola

Professores estão acostumados a falar e mostrarão isso ao conversar com você. Eles, geralmente, pensam de maneira conservadora, e não vão se atirar em nada até que realmente saibam tudo sobre o produto em questão. Não costumam ser muito otimistas em seus pensamentos. Pode-se fechar com eles demonstrando-se respeito pela profissão, e ajuda bastante fazê-los contar suas histórias favoritas sobre os alunos. Frequentemente podem ser pressionados para efetuar uma compra. O vendedor deve massagear seu ego enquanto faz uma apresentação discreta, positiva e altamente crível.

34. Pequenos empresários

Pequenos e microempresários, geralmente, tomarão decisões rapidamente, e as manterão. São pessoas de vigor, muito animadas e pensadores otimistas. Em relação a referências, são razoáveis. Esse cliente compreende o problema do vendedor; geralmente administra a própria empresa e cuida de boa parte das vendas. Para fechar com esse tipo de profissional, tudo que você precisa é de uma apresentação lógica e muito positiva. O vendedor deve mostrar muita emoção e entusiasmo. Seja profissional, massageie o ego deles e mostre respeito pelo que já realizaram. Use um pouquinho de humor, mas tenha em mente que esse cliente, geralmente, tem um faro aguçado e também é orientado para as vendas.

Existem muitas profissões que não foram citadas aqui, mas as ideias são basicamente as mesmas. Clientes são únicos, e precisam ser abordados como tal. O bom vendedor deve lidar com cada um deles num nível individual; precisa modificar sua apresentação de acordo com as observações que fizer sobre as necessidades dos possíveis compradores. Quanto melhor ele captar essas necessidades, melhor vai fazer para que a venda seja efetuada. Os melhores vendedores customizam seu discurso para as preferências que ele identifica nos clientes. O segredo é analisar adequadamente cada um antes de falar demais. Não há atalhos para ser um vendedor bem-sucedido, portanto, não queira cortar caminho se quiser ser o melhor.

Eu nunca conheci um cliente cujo dinheiro pensasse com a própria cabeça.

Jim Pelphrie, Brisbane, Austrália

Nota especial: Os mestres das vendas nunca se esquecem de um pensamento importante que muitos clientes carregam durante a apresentação de venda: "Se você, meu Caro Vendedor, tivesse ouvido com atenção a primeira vez que eu falei, então, meu Caro Vendedor, você poderia ter entendido o que eu quis dizer."

4

Como os vendedores relâmpago se preparam para receber seus clientes

Clientes são oportunidades,
mais que desafios.

Rita Denton, Orlando, EUA

Nesta parte do livro veremos como os vendedores relâmpago se preparam mentalmente para receber seus clientes pela primeira vez. Examinaremos cada passo que eles dão para cumprimentar o cliente da maneira mais positiva e agradável possível.

Todo grande vendedor tem seus próprios hábitos, rituais e suas próprias cerimônias particulares para se assegurar de que a venda será fechada. Algumas dessas práticas são valiosas e estão registradas aqui. Os fatos seguintes não provêm da parte de gerência ou de reuniões de vendas; vieram dos próprios vendedores relâmpago: as pessoas que estão na linha de frente do processo todo, que não agem sem algum propósito.

Antes de continuar, devemos analisar a definição exata de fechamento: um plano, um desenho, uma tática ou uma manobra com a qual o mestre põe seu cliente numa posição em que este precisa fazer uma decisão de compra. Em outras palavras, o consumidor é colocado contra uma "parede" psicológica, tendo que dizer "Sim, eu compro" ou "Não, eu não compro".

Cada pequeno passo de venda leva à conclusão. Deixe de dar um dos passos e você se afastará da venda a mesma distância.

Lisa Rogers, Nova York, EUA

Fato 1. Lógica x emoção

No momento de se comprar um produto, a emoção humana sempre desempenhará um papel muito maior do que a lógica. A maioria das pessoas tende a comprar mais com o coração do que com o cérebro. A razão é simples. Os vendedores relâmpago fazem com que os clientes sintam e apreciem o produto emocionalmente, com suas vantagens, seu prestígio, suas possibilidades e suas aplicações práticas, muito mais do que simplesmente explicando e exibindo vários detalhes do produto, informações sobre fabricação e folhetos "bonitinhos". Em outras palavras, o mestre põe o cliente no banco do motorista mais vezes do que põe a cabeça dele debaixo do capô. Os mestres das vendas trabalham para envolver os clientes com o produto e animá-los para a compra; querem que os possíveis compradores saiam pulando, abracem, cumprimentem, sorriam e se sintam magnificamente bem, porque sabem que o que foi comprado será mostrado aos amigos, e a exibição de algo de que se orgulha não só satisfaz o ego, mas solidifica o negócio e cria uma avenida para novas referências. Numa apresentação, quando o cliente é totalmente levado pelo entusiasmo contagiante do vendedor, ele geralmente vai comprar. Lembre-se: se tiver qualquer dúvida sobre o que está vendendo, ou não for apaixonado pelo produto em questão, você precisa encontrar outro emprego urgentemente.

O mestre que trabalha sozinho está sempre pronto para vender, mas aquele que trabalha em conjunto precisa esperar sempre.

Jon Roper, Pretória, África do Sul

Fato 2. **Programe o pessoal do escritório**

O grande vendedor reconhece e se dirige a todas as pessoas que trabalham com ele, dentro ou perto do escritório, pelo primeiro nome. Faz o possível para gostar de todos e saber um pouco de suas famílias. O mestre cultiva com muito tato todos os que mantêm contato com ele, levando-os a falar gentilmente, sempre tendo um cumprimento positivo e agradável para ele.

O vendedor orquestrou deliberadamente essa atmosfera amistosa por um motivo muito importante: quando ele estiver passando pelo escritório de venda (dentro ou nos arredores) com um cliente, todas as pessoas que adquiriram o hábito de dizer "olá" e de serem gentis com ele farão exatamente isto, o que, por sua vez, fará o vendedor parecer importante e respeitado. Isso, evidentemente, exerce um efeito muito confortador para o cliente, fazendo com que ele tenha um sentimento mais caloroso pelo vendedor, além de subconscientemente ter pensamentos do tipo "Ainda bem que nós pegamos este vendedor, todo mundo gosta dele" ou "Este vendedor parece alguém que consegue fazer as coisas". E sendo assim, o que mais um vendedor poderia querer? Ao programar todo o pessoal do escritório, o mestre ganhou vários pontos na frente do cliente, sem dizer uma palavra.

Nota especial: O grande vendedor também deve habituar todas as pessoas do escritório a usar a palavra "hoje". Por exemplo, "Como o senhor está hoje?", "Hoje não está um lindo dia?", "Você está com uma aparência excelente hoje" e assim por diante. Caro leitor, qualquer coisa pode se tornar um exagero, por isso, a chave é a moderação, mas você já entendeu. Ao se usar a palavra "hoje", quando o cliente está por perto, a mensagem subliminar é entendida e o cliente, em algum momento da apresentação de venda, começará a perceber que o vendedor espera que ele feche o negócio "hoje".

Uma boa apresentação de venda consiste em 20% de preparação e 80% de teatro.

Judy Cain, Orlando, EUA

Fato 3. **Os vendedores relâmpago vendem de um jeito diferente em relação aos vigaristas**

Esta é uma regra não escrita que todos os grandes vendedores respeitam: "O negócio termina neles." Os mestres sabem que é verdade que se os clientes não comprarem com eles, há uma boa chance de o mesmo produto ser comprado em algum outro lugar, e as pessoas responsáveis pela venda podem ser perfeitos vigaristas, que vão dilapidar o rico dinheiro dos consumidores. O vendedor tem uma responsabilidade diante dos seus clientes, e deve, com todo o poder de persuasão que tiver, tentar fazer com que o produto seja levado pelo cliente. Essa obrigação autoimposta deriva do fato de que o grande vendedor estudou a concorrência e sabe que seu produto é o melhor. Ele viu outros clientes, anteriormente, cometerem erros ao comprar de empresas de má reputação para depois procurá-lo com histórias de horror.

Quando um mestre realmente acredita que seu produto é perfeitamente adequado para o cliente, ele tem o direito de insistir, encorajar e pressionar por uma venda. Existem milhares de bons vendedores no mundo abençoados com o dom da persuasão, mas infelizmente muitos transformaram essa habilidade numa arma para tapear as pessoas, cometendo fraudes. Os vendedores relâmpago conhecem todos os truques do ramo, mas nunca farão uma transação fraudulenta de propósito; eles protegem seus clientes com a verdade. Eles têm uma obrigação fiduciária de fazer tudo, dentro do razoável, para vender seu produto de qualidade, de modo que o vigarista ali de baixo não consiga passar seu embuste adiante.

Tudo o que um vigarista realmente quer é uma chance para atacar algum cliente inocente, e ele não terá essa chance se o consumidor já tiver comprado onde seu dinheiro está seguro e ele, tranquilo.

O que um mestre das vendas faz com a própria vida morrerá com ele, mas o que ele faz com seus clientes viverá para sempre.

Terry Nelson, Londres, Inglaterra

Fato 4. **O passado não significa nada, hoje significa tudo**

Antes de se encontrar com qualquer cliente novo, o grande vendedor vai se preparar mentalmente pensando: "Hoje significa tudo, e todas as atribulações, decepções e vitórias de ontem não quiseram dizer nada." Agora, o mestre vai se lembrar – e anotar mentalmente – de experiências passadas que podem ajudá-lo no futuro, mas sem se refestelar nelas. Em vez disso, vai se concentrar deliberadamente no dia de hoje, um valioso "recomeço", que oferece a oportunidade de vender para um novo comprador. A seguir, um bilhete escrito há cem anos no sul da Itália pelo capitão de um navio. Traduzido do italiano:

> Hoje, nestes exatos momento e lugar, será a única oportunidade garantida que terei para mudar minha maneira de agir e de pensar. Exatamente agora, neste dado momento, posso redescobrir e remodelar o verdadeiro eu, que de alguma maneira se perdeu, ou foi manchado, talvez até partido, num mundo que é indiferente às feridas individuais. Todos os meus dias passados me presentearam ou me sobrecarregaram com sucessos, fracassos, alegrias e tristezas. Nenhuma delas durou para sempre, nenhuma foi de fato esquecida. Quanto ao amanhã, ele traz a esperança (o fundamento dos sonhos), e é cheio de promessas, mas nunca oferece aquela calma e o conforto internos necessários para um descanso tranquilo, o descanso que eu sempre quis e procurei. Percebo que o hoje é tudo o que importa, pois sua realidade e sua objetividade são visíveis em tudo que ele cerca. Suas horas e minutos são vividos, e suas possibilidades, infinitas. O hoje me é dado como uma chance misericordiosa. Mais uma permissão graciosa para ser tudo. Se eu deixar que o depois ou o eterno me tirem dessa resolução que tomei, então, terei desperdiçado estupidamente esse presente de Deus.

Orgulhe-se do seu trabalho, teste-se todas as vezes, dedique-se e divirta-se, que os resultados aparecerão.

Frank Broyles, University of Arkansas, Fayetteville, EUA

Fato 5. **Nunca pense em dinheiro**

A última coisa que um vendedor relâmpago deve pensar ao receber seu cliente é em dinheiro. Ele sabe que se tiver uma comissão, uma gorjeta ou um bônus em mente, isso vai transparecer, e o cliente perceberá. A frase de Frank Broyles é real tanto nos esportes como no mundo dos negócios. Se um grande vendedor apenas relaxar, gostar do seu trabalho e do cliente, ao mesmo tempo em que acredita no produto, todo o resto vai se encaixar. Nada pode se sobrepor ao entusiasmo, à amizade e à honestidade. A única razão pela qual um cliente deixará de comprar ao deparar com tudo isso é a falta de dinheiro, e isso é algo que só o próprio cliente poderá resolver.

Na vida, assim como na corda bamba, fique o mais alto e ereto que puder e não perca o equilíbrio.

Judy Tatman, Michigan, EUA

Fato 6. **Os clientes precisam da energia do vendedor**

Quando um cliente encontra um vendedor pela primeira vez, eles estão cheios de energia, mas do tipo errado. Seus movimentos e vivacidade vêm da ansiedade e da apreensão, dois elementos nocivos que o vendedor precisa tratar e destruir com muito tato.

Nota: Como desarmar e fazer o cliente se sentir à vontade será discutido no Capítulo 5 deste livro.

Agora, a menos que o grande vendedor consiga cativar o cliente nos primeiros minutos do primeiro encontro, o possível comprador, provavelmente, vai passar toda a apresentação de vendas sem realmente ouvir ou entender coisa alguma. Outro pensamento que atormenta o cliente, deixando-o pouco à vontade e gerando ainda mais energia negativa, é a sensação de que ele pode encontrar um vendedor que não se importa com os interesses daquele a quem está atendendo. O mestre usará de sua personalidade e fará amizade com o cliente desde o início. Assim, ele vai metodicamente construir uma relação de confiança, e lentamente transformar aquela energia negativa em energia positiva e emoção. O consumidor precisa da atitude de "você pode" do vendedor, de modo que, quando chegar a hora de tomar a decisão de compra, ele já tenha autoconfiança e firmeza suficientes para levar o produto sem medo. Se o vendedor relâmpago falhar em transmitir sua emoção e sua energia positiva ao cliente, não haverá venda. É simples assim.

Existe uma velha história chinesa que ilustra muito bem o que falamos aqui:

> Há muito tempo, havia um velho escudo enferrujado encostado numa árvore gigantesca, há mais de cem anos. Bem, nesse tempo, o escudo havia feito amizade com o Sol. Toda manhã e toda tarde o Sol e o escudo se cumprimentavam e, durante o dia, mantinham conversas agradáveis. Muito bem, certo dia o Sol olhou para seu velho amigo escudo e percebeu que ele estava muito triste, sem querer conversar. O Sol continuou insistindo e incomodando o escudo, querendo saber o que havia de errado, até que ele finalmente respondeu e contou a seu amigo Sol o problema. Explicou que um dia fora bonito e respeitado, que todos os exércitos o temiam e admiravam, mas que nos últimos cem anos, abandonado na floresta, ele ficara enferrujado, feio e desvalorizado. Essa era a razão por ele estar tão triste e deprimido. Seu amigo, o Sol, apenas sorriu e pediu que ele não se preocupasse. Olhou direto para o escudo e disse: "Você é meu amigo, não precisa se sentir mal. E ainda é um grande escudo, e para provar isso, tudo o que você tem a fazer, meu amigo, é se dar um polimento e me refletir."

Caro leitor, com vendedores e clientes é a mesma coisa. Tudo o que o cliente tem a fazer, uma vez que se sinta à vontade, é refletir os poderes do vendedor e, como em um passe de mágica, você tem as duas partes em harmonia, mostrando o mesmo nível de emoção e entusiasmo. E assim, quando isso acontecer – e irá –, a venda será efetuada.

A diferença entre um bom vendedor e um conversador é que este vai fazer amizades e aquele vai fazer amigos e fechar negócios. Qualquer vendedor sabe falar, mas só os mestres sabem falar, calcular, planejar, inspirar, rearranjar, realinhar, descobrir, tramar, enfatizar, simpatizar, ajustar e vender.

Tyne Kosimo'se, Tóquio, Japão

Fato 7. **Os três grandes motivos pelos quais se compra**

Só existem três grandes motivos pelos quais os clientes compram. O primeiro é o desejo. Se ele quiser o produto, souber que este será útil, entender que adquiri-lo será um bom investimento, acreditar e gostar do vendedor, então, ele compra. A segunda razão é o dinheiro. O cliente precisa saber que o produto está com um preço justo e que se encaixa no seu orçamento. O terceiro grande motivo é que ele se permitiu comprar; raciocinou que precisa do produto, ou sabe que quando comprá-lo as pessoas próximas a ele aprovarão a aquisição.

Nota: Dentro de cada cliente há um medo latente de que os outros possam fazer chacota dele por ter comprado certo produto, ou de que aqueles a quem ele respeita possam ficar descontentes. O cliente quer que a família e os amigos endossem a compra. Essa é apenas outra maneira de dizer que ele tem a permissão de todas as pessoas necessárias.

Se um cliente se sentir à vontade em todas essas três áreas – desejo, dinheiro e permissão –, ele comprará o produto e ficará satisfeito.

Se você nunca perdeu, então jamais ganhou.

Jim Williams, Dallas, EUA

Fato 8. **Escute o cliente**

Todo vendedor sabe ouvir seus clientes. Isso é básico. Mas os mestres sabem ouvir mais profundamente. Por exemplo, quando um cliente diz ao vendedor que ele é uma boa ou má pessoa, provavelmente está falando a verdade. Se algum revela para o vendedor um segredo ou se descreve da maneira como se vê, é melhor aquele que o atende prestar atenção, porque esse possível comprador está falando aquilo em que ele realmente acredita. A maioria dos clientes, em algum momento da apresentação de venda, e desde que acredite no vendedor, confiará alguma coisa ao mestre. Se este estiver alerta para qualquer pista, mais cedo ou mais tarde o cliente acabará revelando sua verdadeira personalidade, e quando isso acontecer, o mestre saberá exatamente como fechar o negócio.

As pessoas precisam de um espaço de pelo menos 1 metro de raio para se sentir à vontade com estranhos.

Dr. Lenn Hickmen, Nova York, EUA

Fato 9. **Nunca diga aos clientes o que eles devem fazer**

Nunca diga aos clientes o que eles devem fazer. Em vez disso, inspire-os e incentive a fazerem o que já sabem que deve ser feito. Os compradores, geralmente, sabem o que querem e o que procuram num produto. Tudo o que o vendedor relâmpago precisa fazer é descobrir quais as necessidades do cliente e sutilmente apontar na devida direção, ao mesmo tempo em que os incentiva a realizar seu desejo, efetuando a compra. Quando os mestres usam essa abordagem com qualquer cliente, os resultados são impressionantes. Os que são tratados dessa maneira pensam que estão no controle e comandando o espetáculo. Isso permite que o possível comprador aja com mais coragem do que o normal. Não se esqueça de que o grande vendedor nunca perde o controle, apenas deixa o cliente pensar que está pilotando o avião.

Nota: No Capítulo 7 deste livro, explicaremos em detalhes como controlar os clientes.

Quando um cliente quer determinado produto, e o vendedor relâmpago dá aquele empurrãozinho gentil, ao reforçar tudo o que há de positivo no que o cliente pensa, se o dinheiro não for problema, então, haverá uma venda.

Não existe segurança, mas existe oportunidade, e isso exige trabalho.

Win Lochee, Hong Kong, China

Fato 10. Dinheiro sempre será uma questão

Se todo grande vendedor do mundo desse seu produto, e assim os clientes não tivessem que pagar um tostão por ele, todo o estoque do vendedor, independentemente do que fosse, se esgotaria em menos de uma hora. Os mestres sabem que, depois de tudo o que foi dito e feito, a única razão pela qual as pessoas não compram um produto é o fato de elas não terem como pagar. Não interessa quantas desculpas ou histórias o cliente inventa, em quase todos os casos, tudo será uma questão financeira. Se o possível comprador não tiver dinheiro para levar o produto, o vendedor não terá como resolver. Os mestres podem dissolver qualquer objeção que o cliente tenha, exceto quando se tratar de "falta de fundos". Quando o mestre deparar com uma situação dessas, não vai deixar ninguém constrangido, mas será compreensivo e deixará o cliente sair dignamente. Tudo o que o vendedor pode salvar de casos como esse é a certeza de que o cliente teria comprado caso tivesse dinheiro para isso.

Ame a todos, mas não confie em ninguém.

Anônimo

Fato 11. (Importante) Como o cliente trata os outros

A forma como uma pessoa trata as outras é apenas um reflexo de como ela se sente com relação a si mesma. Essa é uma afirmação que todos os bons vendedores compreendem, já que os ajuda a reconhecer, interpretar e entender cada cliente que eles cumprimentam, antes mesmo de eles dizerem uma palavra. Por exemplo, se um comprador entra em uma loja com um peso nas costas ou é desagradável e grosseiro com todo mundo que vê pela frente, é porque tem um problema com o qual ele precisa conviver sozinho em cada minuto de sua vida. A verdade é essa: se o cliente trata os outros de maneira desagradável, ele se trata da mesma forma, simplesmente não gosta de si. Por outro lado, se aquele que entra na loja se comporta de maneira totalmente jovial e amistosa, é porque ele se ama. Independentemente de como o cliente se comporte, o vendedor relâmpago pode dizer muito sobre ele a partir das interações dele com os outros. Lembre-se da regra de ouro dos relacionamentos: "Fique triste com as pessoas tristes e alegre com as pessoas alegres", porque, quando uma ligação emocional é construída, pode florescer um verdadeiro progresso na comunicação e na amizade.

A maioria dos vendedores sempre espera o melhor, e às vezes se decepciona. Por outro lado, existem vendedores que só esperam o pior, e sempre se decepcionam.

Ty Kellyman, Melbourne, Austrália

Nota: "Limpar a mente." Antes de se encontrar com qualquer novo cliente os grandes vendedores devem limpar suas mentes de tudo que não tenha a ver com venda; eles não devem pensar sobre o que aconteceu ontem ou anteontem. Não têm de se preocupar com qualquer problema pessoal ou do lugar em que trabalham. A única coisa em que devem se concentrar é no cliente. Isso pode parecer estranho para quem não lida com venda, mas quando um vendedor fecha um negócio, todos os outros assuntos ficam pequenos. Nada se compara a um fechamento, porque a sensação que ele cria se sobrepõe e tende a apagar todo e qualquer problema.

Se o vendedor percebe que seu cliente está deprimido ou um pouco desanimado, pode-se garantir que ele não chegará nem perto de vender alguma coisa, a menos que essa seja uma manobra planejada de fechamento. Para ajudar a ilustrar essa história, há um velho conto japonês sobre sete monges budistas que fizeram uma peregrinação até um templo no alto das montanhas. Eles já vinham caminhando havia várias semanas quando chegaram a um grande rio. Lá eles viram, sentada sozinha sobre uma pedra, uma linda donzela. Eles perguntaram se podiam ajudá-la de alguma forma, e ela disse que queria atravessar o rio, mas tinha medo. Os monges se dispuseram a ajudá-la, e quatro deles carregaram-na para o outro lado em segurança. Depois de se certificar de que ela estava bem, eles continuaram seu caminho. Mais tarde naquela noite, quando os monges acamparam, alguns deles, pela primeira vez, começaram a discutir e a gritar, se estranhando uns com os outros. Foi aí que um dos monges mais velhos se aproximou do sábio do grupo e perguntou ao líder:

– Por que nossos irmãos tiveram esses problemas de repente? Por que eles não se entendem mais?

O sábio olhou para o velho amigo e disse:

– Nossos irmãos não deixaram a donzela no rio.

Se acho que vou arranjar um bom cliente, eu arranjo. Se acho que vou arranjar um mau cliente, eu arranjo. Mas se eu acreditar que posso vender, eu vendo.

Chris Sampier, Nassau, Bahamas

5

1º Ato: Como os vendedores relâmpago apresentam seus produtos e a si mesmos aos clientes

O grande vendedor profissional constrói sua reputação ajudando os outros a construir a deles.

Jerry Fisher, Boston, EUA

Agora nós veremos como o vendedor relâmpago pensa e age quando ele conhece um cliente e lhe apresenta o produto pela primeira vez. Muitos livros sobre venda já foram escritos dizendo que "a primeira impressão é a que fica". Bem, não é exatamente assim. Só porque um vendedor e um cliente não se entrosam de imediato isso não quer dizer que a relação esteja destinada ao fracasso. Com um pequeno esforço por parte do vendedor – engatando uma conversa de aquecimento, fazendo perguntas para conhecer o cliente melhor – é possível ganhar o cliente. Relações que "começaram com o pé esquerdo" podem ser transformadas. Leitor, antes de emitir qualquer julgamento sobre os outros, tente conhecê-los e compreendê-los. Em 90% das vezes você não se arrependerá.

Na escola, nós aprendemos lições para passar nas provas, mas, na vida real, nós passamos por provas para aprender lições.

Don Downum, Londres, Inglaterra

Fato 1. Os vendedores relâmpago são pontuais e assumem o controle

Quando um vendedor relâmpago vai ver um cliente pela primeira vez, ele sempre chegará na hora ou com antecedência ao encontro. O motivo, além do respeito ao cliente, é que qualquer um que chegue atrasado precisa, primeiro (antes de dizer qualquer coisa), pedir desculpas pelo atraso, o que psicologicamente confere uma vantagem à pessoa que chegou na hora e ficou esperando. Se alguém começar uma reunião com as palavras "desculpa" ou "perdão por ter chegado atrasado", automaticamente já estará em desvantagem.

Existe uma técnica secreta e muito poderosa que os grandes vendedores utilizam nas reuniões. Ela não só permite que se assuma o controle imediato da reunião, como também descobre-se informações preciosas sobre o cliente – as quais, provavelmente, ele jamais pensou em tratar com um estranho. É a chamada "técnica do conte-me tudo", e funciona assim: quando o mestre tem uma reunião com um cliente ou qualquer pessoa, ele se compromete a chegar alguns minutos mais cedo. Então, quando o cliente chega (mais cedo, mais tarde, na hora, não importa), o grande vendedor vai olhar diretamente para o cliente com uma expressão preocupada, perguntando: "o que aconteceu?"

A primeira resposta natural do cliente vai ser:

– Como assim "o que aconteceu"?

E aqui, leitor, é onde acontece a mágica. Mais uma vez, com a mesma expressão preocupada no rosto, o vendedor vai perguntar ao cliente:

– O que aconteceu?

Quando o cliente ouve a mesma pergunta pela segunda vez, ele vai, por um ou dois segundos, pensar consigo mesmo: "O que esse cara está dizendo? Será que ele sabe o que eu fiz ontem à noite ou hoje de manhã? Talvez seja melhor não mentir, porque, aparentemente, ele já sabe de alguma coisa." É nesse instante que ele decide que é melhor não arriscar sobre o que o vendedor possa saber ou não, conta tudo o que passou nas últimas 12 horas. Por exemplo, ele vai dizer alguma coisa do tipo "bem, quando eu me levantei hoje de manhã, não consegui encontrar a chave do carro, e eu realmente pensei que o meu filho pudesse ter saído com o carro ontem à noite sem minha permissão. Por isso, acabei me atrasando, me aborreci e o dia inteiro vem sendo meio agitado." A partir dessa resposta espontânea e desarmada o mestre faz várias anotações mentais, lembrando-se de cada pequeno fato que o cliente revela sobre si mesmo. Aí, depois de terminada a explicação, o vendedor relâmpago vai se tornar imediatamente cordial, cumprimentá-lo e conduzi-lo até o escritório ou qualquer lugar que ele quiser. Com essa técnica reveladora foram conseguidas muitas "informações extras", o cliente sentiu como se o mestre soubesse e percebesse tudo. O vendedor relâmpago, antes mesmo de dar bom-dia ou dizer "Olá, como vai?", assumiu o controle total do cliente, o que já o deixou desarmado. Pela minha experiência, esse "O que aconteceu?" funciona em 90% das vezes. Tudo o que o mestre tem que fazer é ficar sério e representar bem o seu papel.

É engraçado, mas ao aprender técnicas de vendas geralmente se demora muito para aprender um atalho.

Honi Monchiea, Tóquio, Japão

Fato 2. Regra número 1: nunca prejulgue os outros em matéria de dinheiro

Todo livro sobre vendas no mercado diz "nunca prejulgue ninguém", o que é verdade. Mas os vendedores relâmpago estão cientes de um fato muito importante, que poucos desses livros revelam – se é que algum o faz: as pessoas que têm dinheiro, dinheiro mesmo, guardado, não alardeiam, porque não querem que ninguém saiba o quanto elas são ricas. Aquelas que, de propósito, ficam ostentando, com carros ou joias, geralmente não têm tanto quanto gostariam que os outros acreditassem. Aliás, em muitos casos, eles estão à beira de um desastre financeiro. Pessoas abastadas podem ser muito reservadas, e na maioria das vezes são muito agradáveis e cordiais. O grande vendedor deve compreender isso, porque normalmente ele não vai saber a real situação financeira do cliente até bem mais tarde, na apresentação de venda.

Nota: Não se esqueça de que, em qualquer momento da apresentação, o cliente, se perguntado, pode decidir pela compra, e o vendedor relâmpago deve estar sempre preparado com a caneta, o formulário ou contrato para interromper imediatamente tudo o que estiver fazendo, não dizer mais nada e colocar o acordo no papel. Além disso, para quebrar o gelo na hora da asssinatura, o mestre sempre deve assinar seu nome primeiro e, então, passar a caneta para o cliente, para que ele tenha como dizer: "Aqui, Sr. Cliente, preciso que o senhor assine bem ao lado da minha assinatura." Esse exercício simples mas importante ajuda a aumentar em muito o nível de conforto do cliente. Por outro lado, se uma indicação de que se gostaria de comprar o produto é dada, e o vendedor espontaneamente aparece com um contrato e uma caneta dizendo "Basta assinar aqui", o cliente, na maioria das vezes, vai imediatamente ficar nervoso, cheio de dúvidas e pedir para esperar, chegando mesmo a não efetuar a compra.

Nunca estoure a "bolha" de um cliente. Se ele quiser ser presidente, diga: "como vai, Sr. Presidente?"

Gary Thompson, Vancouver, Canadá

Fato 3. **Vá desarmado**

Os grandes vendedores nunca devem se aproximar de um novo cliente com uma caneta na mão (nem aparecendo no bolso) ou com um calhamaço de papéis contendo informações sobre o produto. O possível comprador já tem ansiedades e "desconhecimentos" suficientes passando por sua cabeça, e, com certeza, não precisa se preocupar ainda mais ao ver um vendedor caminhando em sua direção com uma pasta pesada, cheia de documentos e folhetos, que só vai se parecer com uma arma de destruição em massa. Se isso parecer besteira ou algo que não faça sentido, imagine pessoas sentadas na sala de espera de um consultório dentário. De repente, a porta é aberta, e o dentista está ali, de pé, com uma seringa imensa na mão, perguntando "Quem é o próximo?". Bem, posso garantir que não serei eu.

A primeira obrigação do vendedor, diante de seu cliente, é acalmá-lo, fazê-lo perceber que ele não será ameaçado, envolvendo-o numa conversa amigável, sem intromissões. Os vendedores relâmpago podem desarmar qualquer cliente na defensiva com uma conversa leve e interessante, nada mais, nada menos.

A vitória... não chegará aos fracos ou aos tímidos.

Mack Brown, técnico de futebol americano da University of Texas

Fato 4. **Olhe só para o olho direito**

Importante: Esse é um truque secreto de atuação que todos os grandes vendedores usam. Quando os atores trabalham em um filme, são ensaiados para olhar somente para o olho direito de quem está à sua frente. O motivo é que, quando a câmera estiver rodando, caso um ator mova os olhos na direção dos outros atores, ao passar suas falas isso quebrará a integridade da cena. Mais uma vez: os atores são instruídos a focalizar o olho direito do companheiro para manter o olhar firme, de modo que não haja interferência visual externa que desvie a atenção do diálogo. Os mestres das vendas abraçam esse truque de interpretação quando falam com seus clientes. Ao se olhar apenas para o olho direito do cliente este não sabe dizer em que olho ele está focando, sentindo assim a intensidade e o poder de todas as palavras que o vendedor estiver dizendo. Esse contato "via olho direito" é tão sutil e tão cheio de energia concentrada que o subconsciente do cliente vai captá-lo, o que por sua vez fará o possível comprador, sem que sequer ele o perceba, ouvir o que o mestre está dizendo com um interesse muito maior.

Sempre ouça o que uma mulher diz com os olhos dela.

Dlies Chowlee, Hong Kong, China

Nota especial: Quando um cliente está sentado à mesa do vendedor e não mantém contato visual, o mestre vai bater de leve com a caneta na mesa para obter sua atenção. Quando o cliente olhar para a caneta, o vendedor vai erguê-la lentamente até o nível dos olhos, levando aquele a olhar em sua direção. É desse ponto de contato que o vendedor pode continuar com a apresentação, com todos os participantes envolvidos.

Fato 5. **O duplo aperto de mão**

Profissionais de venda sabem como apertar firmemente a mão do cliente, mas o vendedor relâmpago transformou a técnica do "cumprimento receptivo" numa arte que faz o cliente se sentir ainda mais bem-vindo e valorizado do que se sentiria com um cumprimento comum. É assim que um mestre faz: um segundo depois de apertar a mão do cliente, ele olha para as mãos se cumprimentando, reconhecendo o ato, e um segundo depois volta a focar o olhar no olho direito dele. Dois ou três segundos depois, o mestre solta o aperto de mãos firme mas amistoso e prossegue normalmente. Essa olhada para o cumprimento é impressionante. O cliente vai perceber, com toda certeza, o esforço extra do vendedor; não vai se assustar com essa "olhada", mas ficará impressionado com o gesto sutil, mas deliberado. Do ponto de vista do possível comprador, é uma forma cortês de reafirmar que o cumprimento foi bom e sólido. Esse gesto especial durante o aperto de mãos é tão poderoso quanto a mão gentil pousando no ombro de um amigo de escola ou de um camarada do exército. Esse exercício é simples e só leva alguns segundos, mas os resultados são incríveis. O cliente vai se apegar imediatamente ao vendedor, simpatizando com ele com muito mais rapidez do que se este simplesmente tivesse lhe apertado a mão e começado a falar.

Nota: O duplo cumprimento também pode ser utilizado depois que o cliente decide comprar. É uma técnica muito forte que ajuda a solidificar o negócio.

Fato 6. **Tocando nos clientes**

Se o vendedor relâmpago tem o hábito de tocar na mão ou no braço do cliente enquanto fala, esse hábito amistoso deve ser informado logo no primeiro encontro. Se o vendedor for desse tipo e não deixar isso claro, o cliente pode ficar irritado durante a apresentação de vendas e não prestar atenção a nada do que se estiver falando, muito menos comprar o produto. Os clientes são muito sensíveis a qualquer movimento do vendedor, e, certamente, não gostam de surpresas que os incomodem. O mestre precisa se lembrar de que aquela pessoa, muito provavelmente, já foi a outras empresas que vendem o mesmo produto e, por alguma razão, ainda não o comprou. Assim, o freguês já está escolado e sabe lidar com vendedores que falam demais ou que dão tapinhas nas costas. É por isso que é importante que o mestre seja sincero e honesto ao lidar com seus clientes, porque ele quer ser diferente, de uma forma agradável, dos outros vendedores para quem o pretenso comprador já disse "não".

Todos os clientes esperam ser tratados como amigos, mas poucos esperam encontrar um.

Marc Leotainie, Roma, Itália

Fato 7. **Fale com todos que estiverem no grupo do cliente**

Quando o cliente chega num escritório de venda ou é visitado em casa pelo vendedor, se ele estiver com muitos familiares ou com algum casal, muitas vezes aquele que apresenta seu produto vai equivocadamente se concentrar apenas na pessoa que ele pensa ser a detentora do dinheiro ou naquelas que terão a palavra final na hora da compra.

Nota: Agora, se um vendedor quiser separar dois casais, pensando que um deles pode ameaçar a compra, então, será uma jogada. Ele tem esse direito.

Quando um grande vendedor se defronta com um grupo numeroso de pessoas e decide fazer a apresentação a todos, ele não pode, em hipótese nenhuma, ignorar alguém. Ele vai expor seu produto ou serviço com o maior entusiasmo e vai se dirigir a todos, até mesmo às crianças. O mestre sabe que para um cliente se sentir à vontade e fazer uma compra, ele quer e precisa do consentimento das pessoas próximas a ele.

Como já dito, muitas vezes os vendedores direcionarão toda a sua atenção àquela pessoa que eles acreditam ter a chave do cofre. Muitas vezes estarão certos, com apenas um porém: é bem possível que alguém do grupo do cliente não tenha o dinheiro, mas tenha a última palavra. Assim, por essa razão, os vendedores relâmpago dão tudo de si para todos, jamais subestimando qualquer fator ou pessoa. É sempre melhor jogar na certa primeiro, apresentando para todos, do que tentar adivinhar quem manda em quem cedo demais, o que pode fazer a relação ficar tensa, complicada ou simplesmente explodir.

Ensine os seus clientes a se amarem.

Hans Stickel, Wiesbaden, Alemanha

Nota: Muitos mestres das vendas programam seus clientes sobre como será a apresentação de venda: eles dizem, primeiro, como explicarão o produto, depois, fazem uma demonstração e, finalmente, descrevem de que forma outras pessoas compraram o produto. O cliente é avisado, de maneira gentil e como se isso fizesse parte do negócio, de que os preços e as vantagens da compra serão mostrados ao final da apresentação, para que não haja nenhuma surpresa oculta.

Fato 8. **Controle as emoções do cliente**

O grande vendedor vai, ao longo de toda a apresentação de venda, controlar as emoções de seu cliente. Se o mestre perder o controle, deixando que os caprichos e os sentimentos do possível comprador dominem a situação, tudo estará perdido. O vendedor precisa conduzir e influenciar praticamente tudo que o cliente pensa e faz durante a apresentação, ou as coisas podem se tornar confusas, desorganizadas e imprevisíveis.

Por exemplo, se um vendedor recebe, no escritório de vendas, um cliente pela primeira vez, e este já chega com entusiasmo demais, na maioria dos casos isso quer dizer que o vendedor está com um "golpista", um "farsante", nas mãos. O atendente precisa acalmar esse tipo de cliente, fazendo-o entender que ele, o vendedor, é muito sério quanto ao seu trabalho e quer que o possível comprador pense em termos realistas.

Nota: Aqui estamos falando apenas de novos clientes, não daqueles que vêm por recomendação. Estes têm um comportamento todo próprio e pensam de maneira diferente da de novos clientes.

Outro exemplo que se refere às emoções dos compradores: digamos que um vendedor conheça um cliente que não queira dizer uma palavra ou que aja negativamente a qualquer coisa que o atendente faça ou diga. Num caso assim, o mestre vai baixar ao mesmo nível emocional do cliente, ligar-se a ele, mostrar empatia e convencê-lo de que entende as reações negativas citadas anteriormente. Depois, usando seus poderes de persuasão e sua personalidade positiva, levará o cliente para um nível mais confortável, onde negócios verdadeiros e tangíveis podem ser conduzidos de maneira sóbria e em determinado ritmo. O vendedor relâmpago sempre vai encontrar uma maneira de controlar as emoções do cliente.

Ou você controla o cliente, ou o cliente controla você.

Bill Willbanks, Chicago, EUA

Fato 9. **Dupla ligação**

Vendedores são ensinados, e sabem que interesses comuns geram ligações, mas os melhores sabem que uma paixão por esse interesse une os dois lados. E essa é uma grande diferença. Qualquer vendedor, no momento em que conhece seus clientes, tenta encontrar algum tipo de assunto ou interesse em comum, de modo que possa puxar e manter uma conversa de "aquecimento". Os mestres fazem a mesma coisa, mais detalhadamente, e estimulam uma amizade, o que gera uma harmonia maior e mais duradoura para a relação cliente/vendedor. Por exemplo, quando um grande vendedor encontra seu cliente e eles começam a conversar, o primeiro pergunta:

– De onde você é?

– De Dallas, Texas.

E o mestre:

– Dallas? Minha família é de lá.

A essa altura, já encontraram um ponto em comum, mas o vendedor dará um passo bem maior, perguntando:

– Em que parte do Texas o senhor mora?

E o cliente:

– Em Highland Park.

E o mestre, sinceramente:

– Highland Park? É lá que a minha família mora.

O cliente vai imediatamente sentir que acabou de encontrar um velho amigo, uma vez que o vendedor conhece pessoalmente sua vizinhança. Isso, geralmente, se transforma numa venda, já que qualquer pessoa se sente mais relaxada e à vontade com alguém que fala sua língua. Lembre-se: o mestre vai mais além do formato genérico do "interesse comum", e vai buscar um interesse mais profundo, que torne o cliente e o vendedor mais próximos.

Nota: Sempre diga a verdade. Uma mentirinha qualquer sobre alguma coisa pode acabar com um negócio.

Os clientes vão se esquecer de quase tudo que o vendedor falar, mas sempre lembrarão de como o vendedor fez com que eles se sentissem.

Richard L. Davisen, Manchester, Inglaterra

Fato 10. **Repita as duas últimas palavras que o cliente disser**

Esse é o truque de um vendedor relâmpago alemão, e é muito poderoso. Essa técnica planejada de vendas vai fazer com que qualquer cliente fale sobre si mesmo, sua família, seu emprego, sua condição financeira ou qualquer outra coisa até debaixo do sol, pelo tempo que você quiser. Esse método de venda e de fechamento é usado para colher e armazenar mentalmente toda e qualquer informação que o cliente voluntariamente revelar. O mais impressionante nessa técnica é que o possível comprador nem sequer suspeita que o mestre está controlando a conversa, mexendo os pauzinhos secretamente.

Esse método funciona assim: depois que as duas partes se conhecem e começam um leve diálogo, o vendedor faz uma pergunta simples ao cliente. Por exemplo:

– Qual sua profissão?

E o cliente responderá:

– Eu sou motorista de caminhão da C. L. Smith.

Então, o vendedor repete as duas últimas palavras da frase do cliente. O mestre vai dizer, transformando-as numa pergunta:

– C. L. Smith?

Bem, ao ouvir esta pergunta o cliente vai pensar por uma fração de segundo: "Esse cara não sabe do que eu estou falando, é melhor explicar mais." E automaticamente começará:

- É, C. L. Smith, uma das maiores empresas de caminhão do país.

E, então, o vendedor repete outra vez as duas últimas palavras da última frase do cliente:

– Do país?

O cliente vai pensar mais uma vez que não foi claro, tendo assim que explicar, mas dessa vez com maiores detalhes. Assim, o cliente vai falar ainda mais:

– É, do país. Os caminhões da C. L. Smith estão espalhados por todos os Estados Unidos, e até no Canadá e no México.

E mais uma vez o vendedor vai repetir as duas últimas palavras da última frase.

– No México?

Novamente, mais detalhes.

– É, no México. Os caminhões C. L. Smith viajam para todos os cantos. É uma empresa muito grande e respeitada.

E mais uma vez, o vendedor:

– Grande e respeitada?

E o cliente vai continuar falando, explicando e respondendo com mais informações a cada vez que o vendedor usar, numa pergunta, as duas últimas palavras ditas pelo questionado.

Esse processo de perguntas e respostas pode se prolongar por horas, e o cliente vai falar até não aguentar mais, sem nunca perceber que o vendedor é que estava por trás desse exercício de busca de informação. Apenas se lembre de aplicar esse método e observe que o cliente vai falar mais e mais; ele só vai parar quando o mestre decidir não fazer mais perguntas aplicando essa tática.

Os clientes só entendem o que foram preparados para entender.

Hans Krugger, Roterdã, Holanda

Fato 11. **Explicando a empresa e o produto**

Quando um vendedor relâmpago está contando a história, a situação financeira, a performance e o futuro da empresa, assim como há quanto tempo trabalha nela, ele não deve deixar o cliente dormir com um monte de fatos e números esparsos. Essas informações devem ser entremeadas com histórias rápidas e interessantes e, se possível, o mestre deve espalhar os fatos e os relatórios durante toda a apresentação de venda. Nada aborrece mais um cliente do que ter que assistir a uma dissertação completa sobre a história da empresa.

Aquele que busca um produto ou serviço precisa entender a história da empresa e dos produtos para se sentir à vontade em gastar seu dinheiro. Mas, como diz o ditado, “Se você confundir os clientes, você os perderá”. E detalhes demais provocarão exatamente isto. Como qualquer vendedor sabe, faça com que tudo seja simples, divertido e objetivo.

Nota: Quando um cliente faz uma pergunta sobre a empresa ou sobre qualquer outra coisa, o vendedor relâmpago, mesmo que já saiba qual será a pergunta e conheça a resposta, nunca deve interromper o cliente (isto é, no meio da pergunta) para dar logo a resposta. A questão inteira deve ser pacientemente escutada, para só então o vendedor responder. Muitas vezes o cliente vai querer saber de algo exatamente oposto ao que o vendedor esperava, e, ao responder antes, o vendedor vai chegar muito perto de perder a venda. Lembre-se: ouça tudo o que o cliente tem a dizer antes de falar ou responder qualquer coisa.

Eu vendo porque respondo a três perguntas dos meus clientes: "Por que aqui?", "Por que agora?" e "Por que você?".

Sam Rubrecht, Hilton Head, EUA

Eu estudo vendas para entender melhor o que eu sou.

Sir Jerry Bensonhall, Londres, Inglaterra

6

2º Ato: Como os vendedores relâmpago mostram seu produto aos clientes

Os clientes reagirão positivamente a qualquer produto que os faça parecer e se sentir importantes.

Rog Malatra, Bombaim, Índia

Aqui nós mostraremos como os vendedores relâmpago apresentam um produto ao cliente. No 1º Ato, o mestre já orientou o cliente sobre o produto e o que ele pode esperar. Agora, efetivamente ele mostra o produto, de modo que o cliente não apenas ouça sobre ele, mas também possa vê-lo e tocá-lo, o que pode ajudar o cliente a desenvolver uma ligação com esse produto.

Como já mencionei, o cliente, a qualquer momento, pode se decidir pela compra, então, o vendedor tem que estar preparado, com uma caneta, um contrato ou um formulário na mão, para imediatamente parar o que estiver fazendo e concluir a venda.

Tenha em mente que nenhum produto, por mais maravilhoso e conhecido que seja, se vende por si só; ele precisa de um porta-voz, um representante para alardear suas vantagens, seus usos e suas possibilidades.

Histórias e ilustrações dão significado e propósito sem precisar explicar o significado e o propósito.

Su Sunming, Hong Kong, China

Fato 1. **Peça um favor ao inimigo**

Há horas em que o vendedor relâmpago atende um cliente que não gosta de nada nem de ninguém. Ao longo de todo o 1º Ato da apresentação de vendas esse cliente não prestou atenção nem foi amável em hora nenhuma, e por alguma razão desconhecida não simpatizou com o mestre. Se e quando essa desagradável situação aparecer, o grande vendedor tem um truque engenhoso guardado na manga. Essa técnica transforma o inimigo em amigo em questão de minutos.

Nota: Muitas vezes, quando se pergunta a um vendedor o que fazer para ganhar a amizade de alguém que não gosta dele, ele responde: "Dê-lhe carinho e atenção." Bem, essa pode ser uma boa resposta numa aula básica de psicologia de vendas, mas o truque que o vendedor relâmpago usa é mais avançado, absolutamente crucial, e jamais deve ser usado por vendedores tímidos.

Quando o vendedor relâmpago depara com um cliente difícil, ele assumirá uma expressão séria e perguntará da maneira mais sincera e humilde possível:

– Senhor cliente, o senhor poderia me fazer um grande favor?

O cliente, guiado por uma curiosidade natural, vai perguntar automaticamente "O quê?" ou "O que você quer?".

E o mestre vai pedir que o antipático faça algo simples ou trivial, algo que o vendedor ache que o cliente faria se qualquer um pedisse, como fechar a porta ou a janela, deixá-lo usar o telefone, emprestar uma caneta, pegar um copo d'água. Quando o pedido é executado, algo maravilhoso acontece. O cliente antipático, mesmo que apenas subconscientemente, vai imediatamente se sentir, além de poderoso e útil, mais importante do que o vendedor que lhe pediu o favor. Ao se sentir dessa maneira, o cliente vai fazer de tudo para ser mais gentil e amigo daquele suposto inferior. Em questão de minutos o inimigo passou a ser amistoso com o pobre coitado do vendedor, que tanto precisa dele. Essa gentileza foi criada, tendo sido encenada deliberadamente o tempo todo pelo mestre. A técnica de pedir um favor ao inimigo funciona, mas é melhor que o vendedor seja um bom ator, ou as coisas podem facilmente desmoronar e a situação ficar bem desagradável.

Se um cliente diz muito rapidamente que entendeu tudo, isso quer dizer que não entendeu nada.

Edmond Chambers, Pretória, África do Sul

Fato 2. **Deixe os clientes acreditarem que estão no controle**

A essa altura você já sabe que o vendedor relâmpago está sempre no comando, supervisionando cada movimento que o cliente faz, mesmo que o tempo todo este acredite que é ele quem está no comando, o que não deixa de ser, obviamente, a mais perfeita técnica de venda. O mestre consegue chegar a esse nível de várias maneiras. Por exemplo, ele pode dizer: "Senhor cliente, qual dos produtos o senhor acha que o atenderia melhor?" ou "Senhor cliente, o senhor conhece suas finanças melhor do que ninguém, indique a direção que eu devo seguir." E às vezes: "Senhor cliente, parece que o senhor fez seu dever de casa, por isso, vou apenas passar o controle e deixar que o senhor seja o chefe." Qualquer declaração parecida com essas vai massagear maravilhosamente o ego do cliente. Este vai, até certo ponto, assumir o controle e, geralmente, mostrar ao vendedor exatamente de que forma vender para ele, ou, então, vai assumir o comando e ficar perdido e confuso. De qualquer modo, o mestre pode pegar de onde o cliente parou e conduzi-lo com muito tato de volta a uma situação de fechamento de venda. Os vendedores relâmpago sempre farão o cliente se sentir importantíssimo, ouvindo e respeitando suas perguntas, opiniões e declarações.

Ninguém respeita um vendedor que fala mal da concorrência, e ninguém vai comprar de alguém por quem não se tenha respeito.

Sherry Watson, Palm Springs, EUA

Fato 3. **Respeite as perguntas do cliente**

Os clientes fazem perguntas porque querem respostas. Muito embora o vendedor relâmpago já tenha ouvido aquilo umas mil vezes, ele vai ouvir pacientemente a pergunta inteira e, então, responder. Conforme afirmei, ele não vai interromper o cliente. Se não souber uma resposta, deve assumir, parabenizar o cliente pela pergunta tão inteligente e depois partir em busca da resposta. Inventar negligentemente uma resposta para acalmar um cliente é um dos maiores erros que se pode cometer numa tentativa de venda. Mais cedo ou mais tarde, essa mentira, resposta inverídica ou comentário casual vai voltar para lhe atacar. Além disso, os vendedores ganham bem mais credibilidade quando admitem que não têm todas as respostas.

As perguntas dos clientes ajudam a manter o vendedor bem-preparado. Nenhum cliente comprará algo sobre o qual ele não entenda, e se o vendedor não conseguir tirar as dúvidas levantadas, ele vai comprar de alguém que consiga. Os clientes têm todo o direito de aprender o que puderem sobre um produto em que pretendem gastar o seu dinheiro.

A única coisa em vendas que é mais importante que conhecimento é a imaginação.

Diago Martin, Marbella, Espanha

Fato 4. **Descubra em que ponto você está**

Todo profissional de vendas conhece esse exercício, e todos os livros sobre vendas o mencionam de um modo ou de outro. O motivo pelo qual essa prática do "descubra em que ponto você está" é citada aqui é que os vendedores relâmpago a utilizam, e é parte importante da venda. O mestre vai, durante toda a apresentação, "observar a temperatura" do cliente, para ver o quanto ele está próximo ou distante de conseguir que a venda seja feita; para isso, fará algumas perguntinhas. Por exemplo, se ele pergunta ao cliente se, até agora, ele está gostando do produto, e a resposta é "Sim, estou gostando", o vendedor vai, nesse instante, perguntar se o cliente quer comprar. Agora, se a resposta for "Ainda não tenho certeza", então, o mestre sabe que ainda tem que trabalhar mais. O mais importante a se lembrar é que, quando o possível comprador estiver empolgado com o produto, e o mestre achar que o momento é certo, este vai fazer a demonstração e perguntar ali mesmo se o cliente quer comprar. Em mais ocasiões do que se imagina, o cliente, ao ser perguntado, vai assinar o contrato ou compromisso.

A melhor e mais certa maneira de se aconselhar um cliente é descobrir o que ele realmente quer e depois simplesmente aconselhá-lo a fazê-lo.

Scott McClain, Glasgow, Escócia

Fato 5. **Música x letra**

Os vendedores relâmpago percebem que a maioria dos clientes não pode nem consegue entender todas as informações que ouviram na introdução (1º Ato) da apresentação de venda. É por isso que, durante a exibição e a demonstração do produto (2º Ato), o vendedor deve repetir o que foi previamente dito (no 1º Ato) em relação ao produto. Desta forma, o possível comprador não apenas vê e, se possível, toca no produto, mas também ouve suas vantagens e suas possibilidades pela segunda vez. Esta "segunda chance" permite ao cliente entender e assimilar o produto de maneira bem melhor. É bem parecido com o que acontece quando se ouve uma música pela primeira vez: as pessoas prestam atenção principalmente à batida e à melodia, e dizem para si mesmas: "Essa música é boa." Depois de ouvi-la mais umas duas ou três vezes, elas passam a prestar mais atenção na letra e dizem a si mesmas: "Essa música realmente é boa." Bem, o mesmo acontece numa apresentação de venda. O cliente precisa ouvir a descrição e a dinâmica do produto mais de uma vez para de fato entender tudo. Quando o comprador em potencial ouve o que o vendedor disse no 1º Ato, e novamente no 2º Ato, desta vez realmente vendo e experimentando o produto, as palavras do mestre soarão bem diferentes, fazendo mais sentido.

> No primeiro passo, eu mostro; no segundo passo, eu mostro e ajudo; no terceiro passo, eu apenas incentivo a outra pessoa a tirar suas próprias conclusões.
>
> *Ryan Dennis Johnson, Sedona, EUA*

Fato 6. **O cliente deve tocar no produto**

Não faz diferença alguma se o produto que está sendo vendido é tangível ou não. Mesmo que sejam apenas papéis, caderninhos ou panfletos, o cliente precisa encostar em alguma coisa para que possa sentir e experimentar o produto. O motivo é que quando a pessoa efetivamente toca no produto, ou em algo que o represente, uma ligação silenciosa se estabelece entre essas duas partes. E esse é um passo muito importante em direção à venda. O cliente precisa se envolver fisicamente com o produto de alguma maneira; se ele apenas ouve falar do produto, sem ter tido qualquer espécie de contato físico, as chances de uma venda diminuem consideravelmente.

Ao longo dos 1º, 2º e 3º Atos, sendo este último a "fase do fechamento", o vendedor direciona todas as emoções do cliente em direção à aquisição do produto ou serviço.

> Dê aos clientes o que eles querem, mesmo antes de eles saberem o quê.
>
> *Philip Sanchez, Cancún, México*

Fato 7. **Faça alguma coisa de graça pelo cliente**

Durante a parte de demonstração da apresentação de venda (o 2º Ato), o vendedor relâmpago vai encontrar ou criar o momento de fazer algo gentil e inesperado por seu cliente; vai fazer tudo o que puder para ajudar ou dar a mão a ele, um gesto gentil que não passará despercebido.

Por exemplo, o vendedor pode ajudar a tomar conta das crianças enquanto o cliente está fora da loja, ou ajudá-lo a tirar alguma coisa do carro. Essa atitude amistosa deve ser tomada, e não deve ter nada a ver com o produto em questão, para o vendedor parecer um "vizinho" do cliente. Este responderá favoravelmente a quem for solícito além de sua obrigação, reconhecendo que o vendedor não ganha, com isso, nada além da possibilidade de demonstrar sua boa índole.

Agora, se um vendedor tiver uma atitude exclusivamente de negócios e se comportar como um robô, seguindo um roteiro ou uma lista de tarefas e procedimentos, então, o clima agradável que deveria haver entre ele e um cliente estará comprometido, impossibilitando a venda.

Os vendedores relâmpago precisam mostrar seu lado humano, para que o cliente se sinta suficientemente à vontade para mostrar o seu. Quando ambas as partes acreditam que conhecem e compreendem um ao outro, então, o verdadeiro negócio em questão vai entrar nos eixos muito mais rápida e calmamente.

> Quando um vendedor relâmpago se defronta com alguém que não o ouve, ou que age sem demonstrar interesse, a melhor e mais rápida maneira de se virar o jogo e envolvê-lo é o mestre começar a sussurrar para a mulher dele.
>
> *J. M. McCurley, Nova Orleans, EUA*

Fato 8. **Dê uma caneta ao cliente**

Esta é outra lição elementar que todo profissional de vendas deve conhecer, mas é tão importante que vale a pena repetir. Em algum momento conveniente da demonstração de venda (o

2º Ato), o vendedor relâmpago encontrará um jeito de dar sua caneta ao cliente. Pode haver muitas desculpas válidas para essa troca de mãos. Por exemplo, o vendedor pode pedir ao cliente para ajudá-lo a registrar algumas informações relativas ao produto; passar a caneta ao cliente para ele dar uma olhada, dizendo que é um presente especial (o vendedor precisa estar falando a verdade); pedir que o cliente anote o telefone de sua casa ou de seu celular para futuros contatos. Essa é uma manobra para deixar o cliente relaxado e com a guarda mais baixa, porque agora, com a caneta na mão, ele acha que o vendedor já desistiu e, assim, está livre. Mais uma vez, qualquer razão legítima que o vendedor possa pensar para entregar uma caneta ao cliente é válida. Apenas se lembre de que a importância desse exercício é fazer com que o cliente se familiarize e se sinta à vontade com a caneta do vendedor, a mesma que será usada mais tarde, no 3º Ato – a fase do fechamento –, para assinar o contrato.

Nota: Se o vendedor esperar até o último minuto e mostrar a caneta ao cliente no lugar ou na hora errada, visualizar a caneta pode acabar espantando o cliente, muito provavelmente fazendo-o repensar a compra. O ato em si de deixar a caneta com o comprador em potencial deve ser muito rotineiro e natural, nada de dramático. Quanto mais cedo o cliente se acostumar com essa "arma fatal", melhor para todos os envolvidos.

A curiosidade vai superar e tomar conta de qualquer sensação de enfado ou apatia; ela é uma das melhores amigas do vendedor relâmpago.

Beth Simington, Brisbane, Austrália

Fato 9. Pintando quadros com a imaginação

O vendedor relâmpago não só vai colocar o cliente no banco do motorista ao demonstrar o produto, como também vai pintar quadros com a imaginação ao longo de toda a fase de demonstração (o 2º Ato). O mestre vai deixar o cliente a par de todas as possibilidades e privilégios de se ter o produto e de como isso será vantajoso para toda a família. O vendedor relâmpago contará histórias pessoais, tais como de que forma ser responsável por aquele produto melhorou sua própria vida, e vai se utilizar de qualquer caminho aceitável que puder para direcionar e afetar as emoções do cliente. O mestre está sempre vendendo, enquanto deixa o cliente "sedento" pelo produto.

Se o cliente não fizer perguntas, é sinal de que o vendedor não fez um bom trabalho e de que o cliente não quer aquele produto.

Mary Sheldon, Dorchester, Inglaterra

Fato 10. **A transição da demonstração para o fechamento**

Para muitos profissionais de venda, a transição da demonstração do produto até levar o cliente de volta ao local de venda é algo complexo e delicado. O verdadeiro problema é que o cliente já sabe o que vem por aí, e vai começar a se encolher numa concha defensiva; ele deixa de falar abertamente e começa a montar sua guarda.

A essa altura, o mestre deve dizer calmamente ao cliente que quer lhe mostrar os benefícios financeiros de ser o dono do produto e proporcionar mais algumas informações importantes sobre o produto, mas em sua sala. E, então, o vendedor relâmpago simplesmente conduz o cliente até aí, sem fazer muito alvoroço, agindo como se isso fosse rotina.

Nota: A frase mais simples que um mestre pode usar nessa hora é: "Senhor Cliente, deixe-me mostrar ao senhor como isso tudo fica no papel."

Agora, se o vendedor fez todo o trabalho que devia durante a apresentação de venda (1º e 2º Atos), "tirando a temperatura" do cliente e mantendo a emoção e a curiosidade num ritmo constante e deliberado, este passo não deve lhe dar nos nervos. Lembre-se de que o mestre já explicou ao cliente que, depois de mostrar o produto, ele descreveria exatamente qual seria o preço, além de dar informações adicionais sobre os benefícios de se ter o produto. Ao pré-programar o potencial comprador, o mestre o condicionou para o que viria a seguir, de modo que não haverá surpresas.

O mestre, ao conduzir o cliente à sua sala, deverá mantê-lo relaxado através de pensamentos e comentários positivos, e, acima de tudo, não dizer nada que não seja necessário ou que possa confundir ou perturbar um cliente que já esteja na defensiva.

Quando quero que meu cliente se imagine sendo o dono do produto, tudo o que eu tenho a fazer é olhar para ele e dizer: "Você não se vê sendo dono desse produto?" (Ele vai se ver, isso funciona sempre.).

Michael Schwepp, Wiesbaden, Alemanha

7

3º Ato: Como os vendedores relâmpago concluem um negócio

Os clientes se motivarão caso pensem que o vendedor os respeita.

Juan Tiamos, Madri, Espanha

Nesta parte do livro, os mestres contam seus segredos para fechar uma venda rapidamente, compartilhando práticas que vão, com toda certeza, gerar vendas. Esta é a parte da apresentação de venda (o 3º Ato), em que o vendedor relâmpago pede ao cliente para "dar uma chance" ao produto ou para comprá-lo. Durante toda a apresentação busca-se atingir este ponto. É aqui que as decisões são tomadas, que os clientes ficam nervosos, os vendedores chegam aos seus limites, os gerentes de venda esperam e a atmosfera no local de venda está densa de tanta ansiedade. Não importa quantas vendas o vendedor já tenha realizado ou o quanto ele seja bom, quando chega essa sensível hora da verdade todos os envolvidos ficam alertas, postados e prontos para a batalha. A essa altura o cliente já deve ter entendido o produto o bastante para fazer uma decisão de compra inteligente.

Tenha em mente, leitor, que a essa altura o cliente pode saber ou não o preço do produto. Caso saiba, é porque ele foi informado pelo vendedor em algum momento dos dois atos anteriores (1º e 2º Atos) da apresentação. Se não souber ou não conhecer os tipos de financiamento disponíveis, é porque o mestre reteve essa informação deliberadamente até o final da apresentação de venda (o 3º Ato), para usar isso como um instrumento para se conseguir o fechamento. Lembre-se de que essas duas situações (saber o preço anteriormente ou não, até o 3º Ato) podem ser trabalhadas pelo vendedor mais ou menos da mesma maneira. O importante é que aquele que atende pergunte em algum momento se o cliente deseja comprar, para assim receber algum tipo de resposta. Se o cliente disser "Não, eu não vou comprar", o vendedor deve continuar seu discurso até sentir que alguma abertura foi dada, quando ele poderá, mais uma vez, perguntar sobre a possibilidade de compra.

Ou você vive seu sonho ou vive o sonho de alguém.

Sharon Bell, Chicago, EUA

Nota: É importante recordar aqui a definição de fechamento: um desenho, uma tática, um plano, uma técnica ou uma manobra que o vendedor relâmpago utiliza para colocar seu cliente numa posição psicológica que o induz a tomar uma decisão de compra.

Fato 1. **Emoção + timing = oportunidade certa de pedir ao cliente para comprar**

A fórmula básica para pedir ao cliente que ele compre é tão simples que muitos profissionais de venda se esquecem de que ela existe ou fazem com que ela seja mais complicada do que na verdade é.

Lembre-se: as emoções do cliente são tudo. Quando ele estiver silenciosamente pensando sobre o produto, como pode beneficiar sua família ou como vai se sentir e parecer sendo o dono deste produto, será o momento perfeito para pedir que ele compre. Para não ter erro, observe a expressão facial dele com muito cuidado, em busca de expressões involuntárias de conforto, compreensão e satisfação. Quando notar esses sinais, você saberá que o cliente estará pronto para ser questionado sobre a compra.

Antes de efetivamente pedir ao cliente para "dar uma chance" ao produto, você precisa fazer uma checagem mental de última hora para se certificar de que não se esqueceu de nenhum detalhe. Repassando silenciosamente essa lista, você terá muito mais chances de obter uma resposta positiva do que uma negativa.

Quando pedir ao cliente para comprar, não hesite nem pisque.

Donti Jakon, Milão, Itália

Fato 2. **O checklist mental do vendedor relâmpago**

Checagem mental A: Quando o vendedor relâmpago pedir que o cliente compre, ele deve fazer isso de modo suave e sincero, para que soe como uma parte natural do negócio.

Checagem mental B: Independentemente de quantas objeções o cliente apresente, o mestre precisa, assim que responder, tomar imediatamente a iniciativa e pedir mais uma vez para o cliente efetuar a compra.

Checagem mental C: Se o vendedor relâmpago acredita que o cliente realmente pode se beneficiar obtendo o produto, então, ele deve decidir "se amarrar" ao cliente até que a venda seja realizada – e isso significa permanecer ali pelo tempo que for.

Checagem mental D: Quando o mestre vislumbrar uma oportunidade de fechamento da venda, ele deve parar tudo e pedir que o cliente compre.

Checagem mental E: O vendedor relâmpago está sempre calmo e no controle, nunca reagindo de forma exagerada a qualquer coisa que o cliente diga ou faça em resposta às perguntas.

Nota: Quando o mestre está fechando, ele precisa estar seguro e equilibrado. Se o cliente perceber alguma alteração de humor, sentir que o vendedor está inseguro ou ouvir um trocadilho bobo, não haverá venda.

Checagem mental F: O mestre precisa fazer com que a compra seja agradável e fácil para o cliente.

Nota importante: Se um vendedor relâmpago se utilizar de qualquer aparelho eletrônico na frente do cliente para calcular o financiamento do produto, ele precisa explicar esse processo verbalmente e em detalhes, a cada etapa do cálculo. Isso ajudará o cliente a entender exatamente o que o mestre está fazendo, o que deixará o comprador tranquilo. Por outro lado, se esse vendedor simplesmente digitar um monte de números, sem dizer ao cliente o que está fazendo e por quê, há muita chance de o cliente ficar desconfiado e se questionar silenciosamente sobre como o vendedor chegou àquelas cifras. Assim, vai se mostrar menos receptivo na hora de tomar qualquer decisão de compra.

Se um profissional de vendas for lento em seu discurso e em suas ações, então o cliente reproduzirá essa lentidão e geralmente vai querer pensar em tudo.

Reed Spicer, Salt Lake City, EUA

Fato 3. O vendedor relâmpago pergunta se o cliente vai comprar

Quando o vendedor relâmpago pede que a compra seja efetuada, a maioria dos clientes apresenta três níveis de interesse: no primeiro nível ele está pronto para ser questionado sobre a comprar do produto; no segundo nível ele já sabe tudo sobre o que foi comprar, mas ainda precisa de informações de última hora; no terceiro nível o cliente compreende o produto e reconhece seus benefícios, mas ainda precisa de tempo para pensar.

No momento em que o vendedor relâmpago pede ao cliente para "dar uma chance ao produto", a atmosfera deve ser sofisticada e de negócios. O vendedor não pode fazer nenhum movimento, som ou mudança surpreendente. Aliás, não deve fazer nada até que o cliente se pronuncie primeiro. O mestre precisa ter o controle completo nesse momento muito delicado. Nada deve tirar a concentração e a intensidade que existe entre o vendedor e o cliente. Depois que o cliente responder sobre "dar uma chance", aquele que o atende deve mostrar que ouviu, tomar as rédeas da situação e concluir sem qualquer timidez ou nervosismo.

Os clientes sempre vão prestar atenção a algo que os beneficie pessoalmente.

Adolfo Sanchez, Acapulco, México

Fato 4. Como o vendedor relâmpago responde às objeções dos clientes

Na hora de fechar a venda, muitos clientes tentarão driblar a tentativa de persuasão do vendedor, mas é responsabilidade deste fazer com que a compra seja efetuada e ganhar. Para isso, ele se utiliza de cinco verdades essenciais sobre o fechamento. Essas verdades mostrarão exatamente como o mestre discute com o cliente.

Verdade de fechamento nº 1

Às vezes, o vendedor relâmpago precisa encurralar o cliente em suas próprias palavras, fazendo uso de qualquer informação pessoal que esse possível comprador tenha revelado durante a apresentação de venda. Quando chega a hora de fechar a venda, o vendedor pode e deve, se necessário, trazer à tona alguma informação que o cliente tenha mencionado anteriormente, tirando proveito disso.

Verdade de fechamento nº 2

Quando o cliente do mestre diz "não" a uma pergunta sobre a possibilidade de compra, isso só significa que ele ainda não está totalmente convencido em relação ao produto. Ele ainda tem algumas perguntas. O mestre nunca considerará o primeiro "não" como a resposta definitiva, a não ser que esteja convencido de que o cliente não pode, de maneira alguma, comprar o produto.

Verdade de fechamento nº 3

Quando o cliente faz uma pergunta, o vendedor relâmpago vai, caso considere adequado, perguntar de que forma ele mesmo responderia àquela questão. Lembre-se de que o mestre precisa assumir o controle. Ao deixar o cliente responder à pergunta, o mestre tem a oportunidade de elogiá-lo dizendo: "Senhor Cliente, é exatamente isso o que nós vamos fazer" ou "Senhor Cliente, minha empresa tem essa mesma opinião."

Verdade de fechamento nº 4

Haverá horas em que o vendedor relâmpago deve, literalmente, tomar a decisão de compra pelo cliente. Ele tem que pegar a caneta, começar a preencher a papelada e redigir o contrato. Se o "comprador" não interromper o vendedor, o negócio está fechado. Tudo o que ele tem a fazer é pedir para que o cliente assine.

Verdade de fechamento nº 5

Se o cliente disser, a princípio, "eu não acredito" ou "ainda tenho que pensar a respeito", ele simplesmente ainda não assimilou inteiramente o produto. Essas duas objeções são reações básicas de reflexo, e não significam nada de especial. O vendedor precisa identificar as objeções específicas de cada cliente, de modo a tratar delas diretamente, eliminando qualquer dúvida remanescente.

Para acreditar e confiar em outra pessoa é preciso partilhar muitas das mesmas emoções.

Ellen Putman, Los Angeles, EUA

Fato 5. **Dicas de sucesso no 3º Ato**

A. O vendedor relâmpago prestará muita atenção em como o cliente lhe responde e na maneira como ele age. Se o mestre não analisar corretamente as ações ou as respostas do cliente, pode avaliar mal a situação e desenhar seu plano de fechamento de maneira incorreta.

B. O vendedor relâmpago nunca vai implorar ao cliente para que efetive a compra. O valor do produto e da autoestima de alguém nunca deve ser comprometido.

C. O vendedor relâmpago nunca deve, durante sua apresentação, considerar a possibilidade de ter perdido a venda, porque o cliente pode e vai detectar essa dúvida.

D. Se o vendedor relâmpago não testar o cliente durante toda a apresentação de venda (1º, 2º e 3º Atos), ele corre o risco de perder oportunidades valiosas para finalizar bem o negócio, e ainda pode perder a atenção do cliente. O vendedor em questão sempre será sinceramente sensível aos problemas e ao ponto de vista do cliente.

E. O vendedor relâmpago sabe que ele deve ser um diplomata e um showman magistral e experiente caso espere vender alguma coisa.

F. O vendedor relâmpago ouvirá seriamente tudo o que o cliente disser, porque mais cedo ou mais tarde este mostrará em que ponto é vulnerável.

G. A apresentação de venda e a performance do vendedor relâmpago de nada valem até que ele consiga a assinatura do cliente no contrato.

Todos os vendedores relâmpago percebem que a autoconfiança é a mãe da autodisciplina, que é um fator vital na hora do fechamento.

Tomas O'Malley, Dublin, Irlanda

Agora vamos examinar algumas técnicas de fechamento testadas e comprovadas que os mestres das vendas usam quando pedem que o cliente compre o produto.

Se você realmente conhecer seu adversário, você conhece o caminho para a vitória.

Andrew Chow, Hong Kong, China

Fato 6. **O nível dos olhos do vendedor relâmpago**

Quando o vendedor relâmpago pede ao cliente que compre, ele deve baixar a cabeça levemente, e de propósito, e parar alguns graus abaixo do nível dos olhos do cliente. Então, enquanto este pensa na resposta, o vendedor vai lentamente erguendo a cabeça, de modo que, quase imperceptivelmente, seus olhos fiquem no mesmo nível do potencial comprador. E, então, no exato instante em que o cliente começar a falar, o vendedor vai erguer seus olhos alguns graus acima do nível dos olhos do cliente, que a essa altura vai manter a cabeça e os olhos fixos. Esse sutil movimento citado é mágico; o efeito que exerce no cliente é surpreendente: ignorando completamente o que o vendedor está fazendo, ele vai automaticamente levantar a cabeça e os olhos para nivelar com os do vendedor. Esse movimento físico para cima incentiva efetivamente o cliente a dar uma resposta positiva. Essa técnica secreta de fechamento funciona, mas o vendedor precisa ser muito sutil e cuidadoso. Não pode haver nenhum movimento brusco que deixe o cliente em alerta. Lembre-se de que, muitas vezes, a linguagem corporal pode direcionar a mente; portanto, use isso em seu proveito.

A coisa mais fácil e gratificante que um cliente pode fazer é falar sobre si mesmo e suas realizações.

Dan Timerdale, Toronto, Canadá

Fato 7. **Usando óculos**

Se um vendedor usa óculos, ele os usará deliberadamente para enfatizar uma questão quando achar que o momento é oportuno. Por exemplo, ao perguntar ao cliente se ele quer comprar o produto, o vendedor deve tirar os óculos lentamente e olhar direto no olho direito desse possível comprador. Esse contato direto exerce uma pressão extra no cliente, instando-o a dar uma resposta naquele exato momento, em vez de ficar ruminando a decisão.

Vendedores relâmpago são atores profissionais, e quando querem ter um ar sério, alegre, temperamental, sombrio ou pretensioso, eles conseguem, fazendo com que todos que o presenciam acreditem.

Os clientes sempre lutam com mais vigor e discutem por mais tempo pelos seus próprios interesses.

Nick Appadouplis, Atenas, Grécia

Fato 8. **O fechamento hipotético**

Esta é uma grande "técnica de debate" usada pelos vendedores relâmpago. Se o mestre pressentir o potencial de um debate acalorado com seu cliente em relação a algum tópico concernente ao produto, ele deve se recostar na cadeira, respirar fundo e explicar seu ponto de vista para o cliente de um jeito que impeça a conversa de ir para o lado pessoal, o que poderia levar a negociação a um colapso. Por exemplo, o vendedor relâmpago dirá:

– Senhor Cliente, digamos que o Sr. A esteja tentando vender um produto para o Sr. B, mas o Sr. B quer falar primeiro com o Sr. C, que é seu amigo mas não sabe nada sobre o produto que está sendo vendido. E, assim, o Sr. A diz para o Sr. B que o Sr. C não conseguirá colaborar muito com o processo de tomada de decisão, exceto ao dizer para o Sr. B que ele tome cuidado. Agora, uma vez que o Sr. B tenha visto o produto, tenha dinheiro para comprá-lo e tenha gostado do produto, o

Sr. B não deveria dar mais valor ao próprio julgamento do que ao do Sr. C, já que é o Sr. B que vai usar e usufruir o produto, não o Sr. C?

Esse exemplo simples pode parecer idiota, mas você, caro leitor, já entendeu a mensagem. Sempre que houver condições de enquadrar as coisas em termos hipotéticos na hora da conversa final – se for para o lado pessoal, pode terminar mal –, o mestre deve proceder exatamente como já citado. Esse tipo de técnica evita muitos arranhões nas emoções e nos sentimentos, e ajuda a mudar a opinião de um cliente com relação a um ponto de vista ao qual ele poderia não estar aberto anteriormente.

Fato 9. **Encare o cliente**

Leitor, não podemos falar em alto e bom som o quanto essa dica é importante: os clientes não comprarão de vendedores que eles não respeitem. Nunca se esqueça: possíveis compradores não aceitam profissionais de venda que não tenham um conhecimento profundo do que vendem ou que sejam pouco inteligentes. Clientes são sensíveis e saberão que, se um vendedor não se impõe por si próprio, pelo produto ou pela empresa, é porque, com certeza, não cumprirá as promessas que faz. Clientes querem negociar com alguém que seja tão bom quanto os produtos que estão vendendo, e se uma simples fresta de fraqueza for percebida no caráter do vendedor que os está atendendo, eles perderão o interesse e o impulso emocional.

Vendedores relâmpago não têm medo de seus clientes; precisam exibir liderança para dirigir e manter o controle. Se aquele que é atendido acreditar que pode atropelar o vendedor ou ludibriá-lo, posso garantir que não haverá venda: caso algum aja dessa forma, o vendedor pode e deve interromper imediatamente a apresentação. Não há razão para um profissional de venda aceitar qualquer tipo de abuso de um cliente grosseiro ou perder seu tempo tentando consertá-lo.

Vendedores relâmpago que encaram os clientes sempre venderão mais do que aqueles que agem docilmente, permitindo que os clientes deem as cartas.

Lembre-se: vendedores jamais ganharam ou converteram cliente nenhum só porque os fizeram se calar.

Fred Milner, Brisbane, Austrália

Fato 10. **Frases de fechamento poderosas e cruciais**

As frases que vêm a seguir são usadas por grandes vendedores com o objetivo de deixar os clientes pensando entusiasmados sobre o produto, ou para forçar uma decisão de compra. Elas podem ser usadas como "minifechadores" relâmpago ou "agitadores" de emoções e ideias. (Isso vai depender exclusivamente das circunstâncias.) Frases e perguntas poderosas como essas precisam ser faladas com força, diplomacia, humildade e, às vezes, um pouco de humor. Diga-as de forma direta e objetiva, de frente para o cliente.

Nota: Não é preciso dizer essas frases palavra por palavra. Pelo contrário, deve-se adaptá-las para que soem naturais e aplicáveis ao produto.

Para o bom vendedor, a simplicidade é a marca registrada do gênio.

Rubin Hamelpatz, Baden, Áustria

1. Meu caro cliente, você sabia que a capacidade de uma pessoa tomar decisões é baseada unicamente em suas realizações passadas?
2 Meu caro cliente, o que eu poderia fazer para ajudá-lo a comprar?
O cliente diz: – Nada.
E o mestre: – Por quê?
O cliente responde, o mestre derruba a objeção e "fecha" a venda.
3. Meu caro cliente, você sabia que todos os grandes feitos e avanços da humanidade são realizados por pessoas comuns que correm riscos?
4. Meu caro cliente, diga-me uma coisa. Se você não tem dinheiro hoje porque também não tinha ontem, que tipo de histórico é esse para o senhor me dizer que terá dinheiro amanhã?
5. Sabe, meu caro cliente, neste momento você pode pensar que está "rumo a lugar nenhum", mas com meu produto você pode se dirigir para onde quiser. Então, por que não faz uma tentativa?
6. Meu caro cliente, vamos sair daqui melhor do que quando entramos. Por que você não dá uma chance ao meu produto?
7. Meu caro cliente, se você optar por não tomar uma decisão, ainda assim terá se decidido, não é mesmo?
8. Lembre-se, meu caro cliente, de que se não houvesse pressão, não haveria diamantes.
9. Meu caro cliente, sejamos honestos. Às vezes, é preciso comprar com o coração, não com a cabeça.
10. Se um cliente diz que não consegue se decidir, o mestre vai jogar uma caneta para ele pegar no reflexo ou

perguntar se ele quer mais café. Quando o cliente pega a caneta, ou quando aceita, ou não, o café, o mestre dirá:

– Agora não me diga que o senhor não consegue tomar uma decisão. Foi o que acabou de fazer.

11. Meu caro cliente, se meu produto funcionasse *exatamente* da maneira como lhe falei, você faria uma tentativa?
12. Meu caro cliente, meu avô sempre dizia que neste mundo você tem que ser dono de si. Se apenas seguir os passos de outras pessoas, você não deixará nenhuma pista de que passou por aqui.
13. Meu caro cliente, seja sincero. Se não tivesse que tomar essa decisão hoje, você compraria meu produto?
14. Tudo o que estou fazendo, Sr. Cliente, é lhe contar a verdade antes que alguma coisa aconteça.
15. Meu caro cliente, quero que acredite em si mesmo tanto quanto a sua família e eu acreditamos.
16. Meu caro cliente, quando você faz uma compra, ganho minha comissão, o que quer dizer que eu ganho um cheque. Mas se eu tratá-lo bem, você vai mandar seus amigos me procurarem. E quando eles comprarem, ganharei mais duas ou três comissões. Portanto, como você pode ver, é do meu interesse fazer o melhor que eu posso, agora. É por isso que estou lhe oferecendo o melhor negócio possível.
17. Sabe que dia é hoje, meu caro cliente? Hoje é amanhã cedo.
18. Meu caro cliente, permita-me dizer algo que aprendi. Quando não sabemos que caminho tomar na vida, qualquer rumo que pareça aprazível serve.

19. Meu caro cliente, o senhor sabia que, se quiser resolver seus problemas hoje, precisa focar e planejar seu amanhã?
20. Meu caro cliente, o senhor não está apostando em minha empresa. Com toda honestidade, o que o senhor está de fato fazendo é apostando em si mesmo.
21. Meu caro cliente, vou lhe dizer uma coisa. Você quer uma garantia? Garanto o produto por cem anos se o senhor me garantir que vai usá-lo pelo mesmo tempo. Agora, vamos deixar essa bobagem de lado. Nós estamos realmente falando é de dinheiro, não é?
22. Meu caro cliente, se eu entregasse o meu produto de graça, você aceitaria? Então, estamos falando mesmo é de dinheiro, não é?
23. Você seria capaz de vender esse produto para mim, Sr. Cliente?
24. Sabe, meu caro cliente, Abraham Lincoln dizia que "As coisas boas vêm para os que sabem esperar, mas somente as coisas que aqueles que não souberam esperar deixaram para trás".
25. Meu caro cliente, você diz que não pode pagar. Eu já diria que o senhor não pode se dar o luxo de ficar sem ele.
26. Meu caro cliente, se você quiser esse produto, encontraremos um jeito que seja confortável para o senhor adquiri-lo. Tudo o que tem a dizer é "Vou experimentar".

Nota: Se o vendedor relâmpago tiver um cliente que seja capaz de pagar pelo produto, que pensa que fará um bom negócio, mas não aceita se comprometer a tomar uma decisão em hipótese alguma, o mestre pode, para checar se o cliente está apenas falando da boca para fora, falar o seguinte, colocando-o contra a parede:

– Meu caro cliente, já sei o que vou fazer. Sei que o senhor gosta do produto, já que disse isso várias vezes, portanto, vou facilitar as coisas. Eu mesmo pagarei a taxa de entrada, e tudo o que o senhor tem a fazer é pagar as mensalidades. Negócio fechado?

Leitor, na maioria dos casos, o rosto do cliente vai ficar todo vermelho, ele recusará a oferta e começará a procurar uma nova desculpa para não comprar. É aí que o vendedor vai dizer:

– Meu caro cliente, o problema todo é o dinheiro, não é mesmo?

Há boas chances de que ele responda "Sim". Assim, o mestre pode partir daí e começar a fechar de um outro ângulo.

Na remota possibilidade de o cliente aceitar a proposta inicial, o vendedor precisa honrar a oferta e pagar a taxa de entrada, já que esta técnica só funciona se o profissional de vendas estiver disposto a colocar o próprio dinheiro para honrar suas palavras.

27. Meu caro cliente, qual é a maior dúvida que você tem sobre este produto?

28. Meu caro cliente, eu sei que você é um comprador e um homem de decisões, porque possui um carro e está bem vestido.

29. Me diga, meu caro cliente, você hesita em comprar o produto ou em ser o dono dele?

30. Meu caro cliente, não é quanto dinheiro você tem, mas a quantidade de fé.

31. Meu caro cliente, você pode pensar sobre o produto ou curti-lo por muito tempo. Só depende do senhor.

32. Meu caro cliente, você não apenas comprará este produto. A minha empresa está com você. É meio a meio. Nós fazemos os nossos 50% se o senhor fizer os seus 50%, e desse jeito os dois lados saem ganhando.

33. Meu caro cliente, quando você sonha com o que sempre quis mas nunca teve, então, para obtê-los, é preciso fazer coisas que nunca fez.
34. Meu caro cliente, se você está à espera de um milagre, então, é melhor planejar sua participação.
35. Meu caro cliente, qualquer um pode dizer não, porque isso é fácil. Mas, do que já vi do senhor, esse não é seu estilo.
36. Meu caro cliente, por que não me disse antes que era tudo uma questão de valores? O senhor é igual a mim. Está no mesmo barco que eu estava quando comprei o produto. Deixe-me contar como fui envolvido e acabei comprando.
37. Meu caro cliente, se você acha que esse produto é caro demais, então me diga: que preço o senhor daria?

Nota: Se o cliente der um preço, o vendedor deve dizer que vai checar com o gerente, depois voltar e dizer:

– Muito bem, negócio fechado.

Na maioria dos casos, o comprador em potencial vai arranjar outra desculpa. Se a proposta for aceita, o vendedor deverá dizer:

– Lamento, Sr. Cliente, mas não posso aceitar. Meu produto vale mais que isso, mas vamos continuar conversando – para então tentar fechar outra vez.

38. Meu caro cliente, você não pode marcar um gol sentado no banco.
39. Meu caro cliente, você sabia que a única diferença real entre um homem rico e um homem pobre é o tamanho de sua responsabilidade? Sr. Cliente, dê uma chance ao meu produto.

40. Meu caro cliente, esse produto é para sempre, mas a oportunidade de ser dono dele, não.
41. Meu caro cliente, a vida esconde seus tesouros e surpresas daqueles que têm medo de correr riscos, e o meu produto não é um risco, então, você pode comprar sossegado. Por que não experimenta?
42. Meu caro cliente, eu não devia fazer isso, mas leve o contrato para casa, dê uma olhada, e eu passo lá amanhã para pegá-lo, e, então, poderemos até conversar um pouco mais.

Nota: Veja o cliente tentar sair dessa situação. Tudo o que o vendedor precisa dizer é: "É o dinheiro, não é?" E, então, fechar negócio.

43. Meu caro cliente, por que você acha que tantos outros clientes antes do senhor já compraram?
44. Meu caro cliente, encontro pessoas como você muitas vezes. Hoje o senhor está sem dinheiro, mas amanhã pode estar milionário. Deixe meu produto ajudá-lo em seu amanhã.
45. Meu caro cliente, é possível que você tenha lutado, trabalhado e batalhado tanto tempo de sua vida que não sabia mais fazer outra coisa? Deixe meu produto ajudar a fazer uma diferença em sua vida.
46. Meu caro cliente, meu produto diz ao mundo quem você é sem que tenha que dizer uma palavra.
47. Meu caro cliente, você não acha que tem o direito de ser dono deste [meu] produto?

Atrás de cada palavra falada existem sete pensamentos.

Berret Campbell, Dublin, Irlanda

Fato 11. Os 14 fechamentos em um minuto mais poderosos do vendedor relâmpago

Aqui serão apresentados, pela primeira vez em um livro, os 14 melhores fechamentos em um minuto que os vendedores relâmpago de todo o mundo utilizam. Tenha em mente que nada disso é para principiantes. Essas técnicas são para os melhores entre os melhores, e funcionam em qualquer situação de venda.

Nota: Leitor, todos os fechamentos descritos nas próximas páginas podem ser executados em um minuto ou menos. O fato principal que o vendedor precisa se lembrar é de sempre pedir para a compra ser feita depois do fechamento, dizendo: "Sr. Cliente, por que não experimenta meu produto?" O profissional de vendas nunca deve parar de pedir ao cliente para que ele compre. Honestamente, quase sempre, com pouquíssimas exceções, tudo vai se resumir a uma questão monetária. Se um vendedor puder arranjar um financiamento, a venda será fechada.

Um vendedor comum precisa de tempo para calcular, planejar e preparar um fechamento; um ótimo vendedor simplesmente "fecha".

Jan Multon, Vancouver, Canadá

1. O fechamento "você pode pagar"

Esse fechamento é o mais simples, o mais compreensível e o mais poderoso que existe para o seu objetivo específico. Se for usado nas devidas circunstâncias, vai levar a uma venda ou a uma reação do cliente, todas as vezes. Designado para lidar com um cliente que quer o produto mas vive dizendo ao vendedor relâmpago que desta vez não é possível, este fechamento é tão básico e direto que muitos vendedores acabam se esquecendo de utilizá-lo.

Como utilizar o fechamento "você pode pagar"

Quando um cliente diz a um vendedor que gosta do produto, mas agora não tem dinheiro para comprá-lo, o mestre deve rapidamente responder:

– Meu caro cliente, sei que você gosta do produto, e sei que gostaria de tê-lo. Vamos ver se não dá mesmo para o senhor comprar.

Nota: É melhor que o vendedor relâmpago já tenha uma ligação boa o bastante com o cliente, para discutir a situação financeira dele. Se não houver essa relação de confiança, esse tipo de fechamento, provavelmente, não vai funcionar.

Desta vez o vendedor relâmpago deve pegar uma folha de papel em branco – o verso de um contrato, de um pedido de encomenda ou de um formulário – e dizer para o cliente:

– Muito bem, caro cliente, vamos colocar suas despesas mensais no papel, preto no branco. Vamos ver se não dá mesmo para pagar pelo produto.

Nota: Nesse momento, antes de o mestre começar a registrar as despesas mensais do cliente, o vendedor precisa anotar discretamente o valor da mensalidade do produto no início da folha. Se, por exemplo, a mensalidade for de US$ 300, esta deve ser anotada. Depois disso, sem que o cliente tenha percebido, o mestre deve começar a fazer uma lista – com a ajuda do cliente, evidentemente –, usando uma voz suave (de modo que fique somente entre os dois), das despesas mensais do cliente logo abaixo dos US$ 300.

Por exemplo, o vendedor deve listar os valores das contas da casa, do carro, de seguros, assistência médica, alimentos e serviços públicos como luz e gás. Quando o total de despesas mensais já estiver listado e somado aos US$ 300 que foram incluídos discretamente, o mestre deve dizer:

– Caro cliente, no total, seus custos mensais são de aproximadamente US$ 3.000. Cheguei perto?

Lembre-se, leitor, de que o mestre quer que o cliente pense e veja pessoalmente que a quantia de US$ 3.000 é precisa. Desse jeito, o comprador em potencial está dizendo que de fato não pode pagar pelo produto. Depois de concordar que a quantia em dólares a que o vendedor chegou é bastante próxima de suas obrigações mensais, o mestre vai dizer:

– Caro cliente, você acha que podemos somar mais um valor de US$ 300 a esses dispêndios mensais?

A essa altura o cliente vai pensar que está livre e dizer com a maior convicção:

– De jeito nenhum. Eu disse que não poderia pagar pelo produto. Eu já ando bem apertado, como você percebeu.

E é aí que o vendedor relâmpago dá o pulo do gato e diz ao possível comprador:

– Bem, caro cliente, meus parabéns, você *pode* pagar o produto. Eu já tinha incluído a mensalidade de US$ 300 no seu orçamento de US$ 3.000, portanto, bem-vindo ao clube.

O vendedor relâmpago deve virar o papel para o outro lado na hora, para que o cliente possa ver a lista pessoalmente. Ao mesmo tempo, o mestre deve estender a mão, indicando que estão entendidos. O mais provável é que o cliente fique assustado, porque ele sabe que sua tática foi exposta. Ele não tem outro jeito a não ser assinar o contrato ou começar a bolar outra desculpa para não comprar. Esse fechamento vai pegar o cliente totalmente desprevenido. Mas, em vez de dizer um triunfante “Eu disse”, o vendedor relâmpago deve começar a redigir o compromisso de compra e venda calmamente, agindo como se esse tipo de problema financeiro fosse resolvido todo dia e o negócio já estivesse fechado. É preciso um pouco de prática por parte do vendedor para fazer esse fechamento de maneira tranquila, mas, uma vez que se domine a técnica, as vendas aumentarão de um dia para o outro.

Em vendas, se você tiver medo de estar errado, então você nunca vai estar certo.

N. Ming Lu, Hong Kong, China

2. O fechamento B.A.D.*

Esse fechamento se destina a enfatizar uma questão muito importante, que é a de mostrar ao cliente que ele deve gastar seu dinheiro com sua família e fazer outros investimentos de valor, em vez de num monte de apólices de seguro que devoram seu dinheiro desnecessariamente. Este exercício exige alguns desenhos simples, que sempre ajudam a prender a atenção do consumidor, deixando-o acostumado à caneta do vendedor. Este fechamento pode parecer espirituoso demais para algumas pessoas, mas é honesto, faz sentido e gera vendas.

Nota especial: Este fechamento usa as apólices de seguro como as vilãs da história, mas isso pode ser adaptado para outros produtos.

Como usar o fechamento B.A.D.

Quando o vendedor relâmpago está com um cliente que gosta do produto, pode pagar, mas não consegue se decidir pela compra, o vendedor pode usar esse fechamento não só

* *Bad* é ruim ou mau em inglês. (*N. do T.*)

para ilustrar uma questão, como também para levar o cliente a pensar sob um ponto de vista diferente. Isso, por sua vez, só deixa o cliente mais receptivo em se decidir pela compra. Funciona da seguinte maneira: logo depois que o comprador em potencial diz ao vendedor relâmpago que ele não vai se decidir naquele momento, o vendedor relâmpago vai pegar uma folha de papel em branco e educadamente pedir ao cliente para ver e ouvir o que ele tem a dizer. Então, o mestre vai, primeiro, no lado esquerdo do papel em branco, desenhar uma pequena casa de pauzinhos. Esta deve ter somente um andar, com duas paredes e um telhado comum. Depois disso, logo abaixo, ele deve desenhar um pequeno carro – uma caixa pequena e dois círculos. Terceiro, o mestre deve fazer, logo abaixo do carro, um homem de pauzinho. Então, se alguém estiver olhando para esse papel, ele ou ela verá, no lado esquerdo, primeiro, uma casa, depois, um carro e, enfim, uma pessoa, dispostos de cima para baixo, todos arrumados numa coluna vertical. Depois que o mestre tranquilamente desenhou esses três símbolos na frente do cliente, ele vai levantar os olhos do papel e olhar direto no olho direito dele, dizendo:

– Sr. Cliente, deixe-me fazer uma pergunta: a sua casa tem seguro?

O cliente vai dizer que sim. Então, o mestre pergunta:

– Bem, para o senhor receber o dinheiro desse seguro, o que que precisa acontecer com ela?

E ele vai responder:

– Incendiar [*burn*].

*Nota: Se o cliente não falar nada, o vendedor responderá por ele e dirá "Incendiar". Agora, ao dizer isso, o mestre pode escrever a palavra "incendiar" [*burn*] à direita da casa de pauzinhos.*

O vendedor relâmpago vai fazer uma segunda pergunta ao cliente, enquanto move a caneta alguns centímetros mais para baixo do papel. Desta vez, apontando para o carrinho, ele pergunta:

– Sr. Cliente, para você receber o dinheiro do seguro do carro, o que precisa acontecer?

E o cliente vai dizer:

– Um acidente [*accident*].

Nota: Mais uma vez, se o cliente não responder, o vendedor terá que responder por ele, dizendo "Um acidente". Aí, o mestre vai escrever a palavra "acidente" ao lado e à direita do carro. Lembre-se, leitor, de que a palavra "acidente" [accident] *é escrita logo abaixo da palavra "incendiar"* [burn].

Agora, logo depois que a pergunta sobre o carro é respondida, o mestre faz sua última pergunta ao cliente. Enquanto move a caneta mais alguns centímetros para baixo, para a pessoa feita com palitinhos, ele pergunta:

– Muito bem, Sr. Cliente, para se receber o dinheiro do seguro de vida de uma pessoa o que precisa acontecer com ela?

O cliente vai responder:

– Morrer.

E mais uma vez o vendedor relâmpago vai escrever a palavra "morrer" [*die*] ou "morte" [*death*] ao lado e à direita do homem de palitinhos. A palavra "morrer" [*die*] estará logo abaixo da palavra "acidente" [*accident*], que está logo abaixo da palavra "incendiar" [*burn*]. Feito isto, o vendedor vai erguer o olhar para o cliente e dizer, enquanto faz um círculo em volta das iniciais (B.A.D. em inglês, explicado em nota anterior) das três palavras:

– Sr. Cliente, você tem gastado muito dinheiro se protegendo contra coisas ruins [*bad*], que podem acontecer. Por que não dá um presente a si mesmo e à sua família, e começa a investir um pouco em coisas boas e divertidas, que o senhor e sua família possam curtir? Meu produto é exatamente esse tipo de coisa; é positivo para seu futuro e o de sua família. Só é necessário dar uma chance. Preciso que o senhor assine aqui, bem ao lado do meu nome.

E, leitor, o cliente assinará o contrato. Esse fechamento é uma maneira muito fácil de se fazer e ilustrar uma declaração muito "boa".

Se um vendedor só conhecer dois ou três tipos de fechamento, então, ele não sabe nada.

Sarah Bohn, Cidade do Cabo, África do Sul

3. O fechamento "será que o vendedor mentiu?"

Esse fechamento precisa ser ensaiado entre o vendedor relâmpago e o gerente de vendas, ou outro vendedor do mesmo nível, antes de se tentar usá-lo com um cliente. Pode ser muito eficiente, mas precisa ser representado pelo mestre e seu parceiro com total confiança. Se, por um único segundo, o cliente acreditar que esse fechamento é uma "armação", a venda estará perdida. Nessa prática não convencional o comprador em potencial é levado a acreditar que não é ele quem está sob a mira de um revólver, mas que está sentado à margem, no papel de testemunha. Nesse tipo singular e crucial de fechamento o cliente não percebe que está sendo testado, nem quando já foi tarde demais.

Como usar o fechamento "será que o vendedor mentiu?"

Quando o cliente se recusa a assinar o contrato, o mestre deve pedir licença para sair e buscar o gerente de vendas ou o parceiro vendedor com quem este exercício tenha sido ensaiado. Quando o mestre volta ao local de negociação com seu colega, depois de feitas as apresentações o terceiro a chegar vai se virar direto para o vendedor relâmpago e começar a fazer as seguintes perguntas, ignorando o cliente, que pelo tom tão incisivo da abordagem sentirá que ninguém percebe que ele está por ali:

– Sr. vendedor relâmpago, o Sr. Cliente sabe sobre os opcionais especiais do nosso produto?

E o mestre responde, obediente:

– Sim, senhor.

Então, o gerente ou vendedor pergunta:

– O senhor explicou tudo ao Sr. Cliente sobre nossa garantia especial?

– Expliquei, sim – responde o vendedor relâmpago, enquanto olha para o cliente em busca de apoio e confirmação. E o parceiro em questão continua com outra pergunta:

– O senhor teve a paciência de mostrar a ele todas as vantagens de ser dono do nosso produto?

O vendedor relâmpago responde:

– Tive, é claro.

A essa altura o cliente já deve estar assentindo com a cabeça, tentando dar apoio ao aparentemente encurralado vendedor relâmpago, que agora recebe um embaraçoso sermão. E mais uma vez o gerente ou o parceiro do vendedor vai perguntar:

– E o senhor contou ao Sr. Cliente sobre nossos planos e acertos contratuais financeiros?

Novamente, o mestre responde:

– Sim, senhor, passei todas as informações.

Bem, nesse ponto da situação o cliente já estará pronto para defender o pobre e gentil vendedor relâmpago, já que está começando a se sentir culpado pelo fato de seu novo amigo estar em apuros por não ter fechado o negócio. E de novo ele será questionado:

– E o senhor também informou ao Sr. Cliente sobre a reputação e o histórico de desempenho de nossa empresa?

– Sim, senhor, o fiz honestamente. O senhor teria ficado orgulhoso de mim se tivesse me escutado falar – responde o vendedor relâmpago. E, então, do nada, o gerente ou o vendedor parceiro fala com muita severidade para o vendedor relâmpago:

– Falando em honestidade, Sr. Vendedor, o senhor contou alguma mentira?

O mestre responde:

– Não. Posso assegurar que não.

E o gerente ou companheiro de vendas, mostrando que está satisfeito com as respostas dada, deve esperar alguns segundos, dramáticos, e, então, se virar direto para o cliente e perguntar, numa voz firme, mas perplexa:

– Bem, nesse caso, Sr. Cliente, por que o senhor não comprou?

Bum!! Um direto no queixo! O cliente que estava pensando estar fora do jogo e que só ficou sentado ali por simpatia ao humilhado vendedor relâmpago agora está sob a mira dos holofotes. E sua boca está semiaberta de surpresa, sem saber exatamente o que responder. Desequilibrado e com a guarda baixa, o mais provável é que ele comece a gaguejar e solte espontaneamente alguma coisa que seja verdade, que por sua vez é o real motivo por ele não ter comprado. Uma vez que o mestre ouviu a verdadeira objeção, ele pode seguir em frente, refutá-la e fechar o negócio.

Nota: Esse tipo de fechamento em dupla é muito eficaz. O cliente ficou preso numa armadilha e foi obrigado, num ataque surpresa, a admitir que ou ele realmente não pode pagar pelo produto ou que não há uma boa razão para não ir em frente e comprar.

Mostre-me um mestre das vendas que vive cometendo erros e eu lhe mostro um que simplesmente desistiu.

Evola Lenvamekk, São Petersburgo, Rússia

4. O fechamento "nota de 1 dólar x nota de 100 dólares"

Usado quando o cliente diz ao vendedor relâmpago que não consegue se decidir. Esse fechamento vai imediatamente mostrar ao cliente que ele é capaz de tomar uma decisão rápida. Ele se destina a causar uma impressão de grande impacto no cliente, e é exatamente o que acontece. Leitor, este é um fechamento muito simples e rápido, por isso, não tente complicar as coisas.

Como usar o fechamento "nota de 1 dólar x nota de 100 dólares"

Quando o vendedor relâmpago depara com um cliente que diz que simplesmente não consegue tomar uma decisão, que não faz parte da sua personalidade aproveitar o que vem pela frente, que ele sempre prefere pensar melhor, esse é o fechamento indicado. Quando o cliente diz "eu não posso decidir isso hoje", o mestre deve tirar do bolso uma nota de 100 dólares e outra de 1, e segurar as duas, uma em cada mão, na frente do cliente e dizer:

– Sr. Cliente, o senhor trocaria comigo uma nota de 1 dólar por uma de 100 dólares, sem qualquer truque ou compromisso?

Se o cliente não disser nada, o vendedor vai responder por ele e dizer:

– Um dólar por 100 dólares, sem compromisso? Bem, é claro que o senhor trocaria.

O cliente vai concordar verbalmente ou assentindo com a cabeça. E é aí que o mestre diz, num tom de quem não está para brincadeiras:

– Sr. Cliente, nunca mais me diga que não sabe tomar uma decisão, porque foi exatamente isso o que o senhor fez. Sabe o que acabou de me dizer? Duas coisas. Primeiro, que sabe tomar uma decisão no calor do momento e, segundo, o senhor a tomou por saber o valor de 1 dólar e o valor de 100 dólares. E entende e acredita nesses valores porque o senhor, com toda certeza, tem essa informação na cabeça. Portanto, agora eu sei que o senhor pode tomar uma decisão se tiver informações suficientes. Agora, deixe-me explicar mais sobre meu produto para que o senhor possa decidir levá-lo.

Nessa hora, o comprador em potencial vai dizer alguma coisa, que muito provavelmente será a verdadeira razão pela qual ele reluta em comprar. Leitor, nunca se esqueça, na maioria dos casos, com poucas exceções, será o preço. Esse fechamento vai fazer o cliente sorrir e se sair bem, ou vai deixá-lo um pouco irritado, o que vai significar, apenas, que o vendedor está chegando mais perto da verdadeira razão pela qual o cliente não quer comprar.

Nunca discuta com um cliente que não tenha nada a perder.

Masi Alomon, Tangier, Marrocos

5. O fechamento "você não foi aprovado"

Esse fechamento é designado especificamente para colocar um cliente especialmente difícil na defensiva, usando a ciência básica da psicologia reversa para atuar sobre seu ego. Se aplicada corretamente, essa técnica fará o cliente se sentir desconfortável, achando que não se qualifica para ser dono do produto, sentindo assim urgência em comprá-lo. É preferível que o vendedor relâmpago, ao usar esse fechamento, seja bom ator, e esteja preparado para uma briga. Lembre-se, leitor, de que, embora esse fechamento seja difícil, ele gera vendas.

Nota: Esse é mais um fechamento que precisa de um terceiro elemento a ser implementado. Em outras palavras, é um jogo em dupla.

Como usar o fechamento "você não foi aprovado"

Se o vendedor relâmpago não consegue chegar a lugar algum com um cliente apático, grosso ou arrogante, é uma boa hora para chamar o gerente ou um colega de vendas, e assim executar esse fechamento de grande impacto. Muito bem, o fechamento funciona assim: essa terceira pessoa vai passar rapidamente por onde estão o mestre e o cliente. Então, ela pedirá licença, entrando num escritório fora da vista de ambos. E, dois a quatro minutos depois, essa pessoa, o gerente ou o colega vai reaparecer com um semblante sério e pesaroso. Solenemente, então, ela se posiciona perto do mestre e do cliente e declara:

– Sr. Cliente [usar o primeiro nome, se possível], tenho algumas notícias um tanto decepcionantes para o senhor. Por favor, perdoe-me e à minha empresa por tê-lo feito perder seu tempo aqui, hoje. Agora mesmo, quando voltei à minha sala, chequei seu risco de crédito, e sua atual situação financeira não é boa para que o senhor possa comprar nosso produto pelo nosso plano de financiamento. Sinto muito não termos percebido isso antes. Eu, sinceramente, espero que o senhor nos desculpe por termos desperdiçado seu tempo.

Logo depois desse golpe ao orgulho do cliente o gerente ou companheiro de vendas deve se virar casualmente para o vendedor relâmpago, que está ao lado do cliente, suspirar e dizer:

– Lamento, mestre, eu sabia o quanto você também queria fechar essa venda.

Agora, o cliente insultado e perplexo tem uma grande chance de atacar o comentário sobre a baixa marca de crédito e desafiar o vendedor e o terceiro elemento por essa sutil condescendência. Este último deve agir como se estivesse do lado do cliente, e dizer que será um prazer checar de novo a fonte da informação, para confirmar se ela está mesmo correta ou incorreta. A essa altura, o cliente irritado estará muito nervoso com a revelação da sua ficha de crédito, que é confidencial, e, portanto, vai começar a falar; quanto mais ele fala e age, mais informações e munição estará dando para o vendedor relâmpago – informações valiosas que o mestre pode usar para descobrir e destrinchar objeções mais verdadeiras e profundas pelas quais o cliente não compra. Então, quando os reais motivos aparecerem – e eles vão aparecer –, o mestre deve explicar como eles podem ser contornados, e ainda acrescentar o quanto ele aprecia o cliente, independentemente do que diga uma insignificante ficha de crédito. Agora, nesse exato momento, aquele terceiro elemento, que estava por perto ouvindo o mestre derrubar todas as objeções genuínas do cliente, deve, de maneira graciosa, e no tempo exato, se levantar e declarar que vai pessoalmente providenciar para que a possibilidade de crédito e as finanças não impeçam o cliente de ser dono do produto. Ele, o gerente ou o companheiro de vendas deve imediatamente estender a mão para o cliente apertar e dar a venda como concretizada. Esse fechamento gera vendas, mas é muito importante que a representação seja profissional, ou as coisas podem ficar feias.

Nota: se necessário, o mestre também pode acrescentar:
– Sr. Cliente, nós também temos nosso próprio sistema de financiamento, e, acredite, nossa empresa não ficou tão grande e bem-sucedida por dizer "não" às pessoas.

6. O fechamento "tábua de pregos"

Esse fechamento vai funcionar maravilhosamente se a historinha a seguir for contada pelo vendedor relâmpago com uma voz suave e sincera, adaptada, evidentemente, para o produto que estiver sendo vendido.

Como usar o fechamento "tábua de pregos"

Quando o vendedor relâmpago tem um cliente relutante, que não arreda pé e não dá sinal de pender para uma compra, surge a oportunidade perfeita para o mestre usar essa história lógica e emocional.

Com o cliente e o mestre em negociação, toda a atenção deve ser dirigida ao vendedor relâmpago, enquanto ele conta a seguinte história:

– Meu caro cliente, deixe eu lhe contar uma historinha. Um dia, um homem tomava seu café da manhã na cozinha, pensando nos próprios problemas, quando a esposa aparece e, do nada, diz para ele:

– Sabe de uma coisa, você é muito ruim comigo. Me trata mal e diz coisas que me machucam.

O marido olha para ela e diz:

– O quê? O que você quer dizer com isso?

E a mulher responde:

– Você agiu mal comigo durante todo o ano passado. Fiquei acordada até tarde ontem à noite pensando nisso, e vou provar o que estou dizendo. Vou pendurar uma grande tábua de madeira na parede da cozinha, e toda vez que você me tratar mal vou colocar um prego lá para mostrar o quanto você é detestável.

Um ano se passou rapidamente, até que um dia o marido entrou na cozinha e encontrou a mulher de pé, apontando para a tábua e dizendo:

– Olha só esta tábua. Eu disse que você me tratava mal!

O marido olhou com atenção por alguns minutos e não viu nada além de um monte de pregos. Na verdade, nem cabia mais prego nenhum. De repente, o marido percebeu que a mulher estava certa sobre ele ser tão maldoso, e, então, disse:

– Sabe de uma coisa, você está certa. Eu a tratei mal neste último ano. Agora eu vou dizer o que farei. No próximo ano, para compensar o meu comportamento, serei especialmente gentil, e cada vez que eu agir assim vou tirar um desses pregos.

A mulher concordou e o assunto foi esquecido. Um ano depois, o marido estava sentado à mesa do café da manhã, todo orgulhoso, esperando sua mulher chegar. Quando ela apareceu para tomar café, ele disse, triunfante:

– Olha só para a tábua agora. Não sobrou um único prego, viu? Eu lhe disse há um ano que eu ia mudar.

A esposa olhou para a tábua e, como anunciado, não havia mais prego nenhum. Mas aí ela apontou para a tábua e disse:

– É verdade, os pregos foram retirados, mas olhe só para lá.

E quando ele se virou, viu uma tábua cheia de buracos de pregos retirados e marcas do martelo usado na atividade. Havia estilhaços e pedaços lacerados de madeira por toda parte. O quadro não passava de um pedaço de madeira feio e lacerado. A mulher disse:

– É verdade. Os pregos se foram, mas as cicatrizes e as marcas da destruição continuam ali.

Bem, meu caro cliente, quero dizer que não é preciso viver assim. Você e sua família, como todo mundo, têm uma tábua de sonhos, mas alguma coisa sempre aparece na sua vida, e, cada vez que isso acontece, você tira um prego dessa tábua. Então, um dia você olha e não consegue ver nada além de cicatrizes, estilhaços e sonhos desfeitos. Meu caro cliente, com o meu produto, você poderá recuperar alguns desses sonhos. E pode ter o que sempre quis em vez de uma tábua cheia de buracos vazios. Isso, meu caro cliente, é o que meu produto pode fazer por você e por sua família.

Agora, o vendedor relâmpago deve dar um minuto para a ficha cair, e depois dizer:

– Aqui, meu caro cliente, preciso do seu nome bem aqui (no contrato).

O vendedor relâmpago deve imediatamente introduzir um aperto de mãos para fechar o negócio. Esse fechamento narrando uma história pode fazer milagres, mas precisa ser contado com sinceridade e emoção. O cliente tem que sentir que o vendedor relâmpago está do lado dele, ilustrando verdadeiramente o benefício das necessidades e dos desejos pessoais de sua família.

Os vendedores que se vestem de razão, sobrevivem, enquanto os vendedores que se vestem de paixão, vivem.

Deck Delane, Liverpool, Inglaterra

7. O fechamento suave dos "três motivos"

Essa técnica de fechamento é simples e faz com que o cliente pense positivamente, além de se envolver com o produto.

Como usar o fechamento suave dos "três motivos"

Se o vendedor relâmpago já fez quase tudo o que poderia para convencer o cliente a comprar, mas este, qualificado, não dá o braço a torcer, esse método de fechamento pode ser utilizado para fazer com que o cliente chegue bem mais perto de assinar o contrato. Depois de o mestre ter tentado quase tudo que podia para evitar perder a venda, ele deve pedir licença educadamente, sair do local de negociação para "checar algumas informações recentes sobre o estoque" e dizer para o cliente, logo antes de deixá-lo:

– Sr. Cliente, sairei por alguns minutos, mas, enquanto isso, por que o senhor não escreve, por favor, três motivos que levariam o senhor a comprar meu produto?

O cliente, na maioria das vezes, fará o que foi sugerido. Quando o mestre volta, ele examina os três motivos, faz comentários positivos para cada um, reenfatiza os pontos importantes sobre os quais o cliente não falou e, então, prossegue, rumo ao fechamento, guiado por essas novas informações. Essa manobra simples de fechamento vai dar ao mestre um "mapa da estrada" que leva direto ao coração do cliente e a uma venda.

Se um vendedor questiona a fé e a esperança, então, é melhor ele aceitar a pobreza.

Stanley M. Cooper, Atlanta, EUA

8. O fechamento "o que Jesus Cristo faria?"

Este fechamento se destina a conseguir vendas a partir de argumentos para praticamente qualquer desculpa que um cliente frequentador de igreja possa levantar. Caro leitor, este fechamento não é um sacrilégio ou um desrespeito à Santa Igreja, de maneira alguma. É um fechamento que causará uma impressão muito forte e duradoura em qualquer cliente que se guie pela Bíblia, que fica inventando razões para não comprar, ao deixar que o orgulho o impeça de contar a verdadeira razão, que, evidentemente, é mais provável que seja o valor do produto. Esse fechamento deve ser feito com muito tato, muito vigor e muita autoconfiança. Nunca deve ser praticado por um vendedor novato ou tímido, ou as consequências podem ser drásticas. O cliente pode ficar tão perturbado que será capaz de partir para a briga. Essa técnica funciona, mas é melhor que o vendedor respeite o cliente e vice-versa, para que o comprador em potencial possa ouvir e entender esse fechamento de uma maneira amigável, sabendo que se trata de um negócio.

Quando usar o fechamento "o que Jesus Cristo faria?"

Quando o vendedor relâmpago tem um cliente do tipo que vai à missa todo domingo, e que gosta do produto mas fica inventando uma desculpa atrás de outra para não comprá-lo, ele pode usar esse fechamento. Ao fazer isso, o mestre precisa falar absolutamente toda a verdade sobre o produto, acreditando totalmente no que está vendendo. Essa técnica não vai funcionar se o vendedor tiver qualquer dúvida sobre o valor do produto.

Depois de o mestre ter ouvido algumas desculpas desse cliente – como, por exemplo, "Tenho que pensar no assunto", "Tenho que perguntar aos meus amigos ou ao meu advogado" ou "Primeiro vou levar esse assunto ao meu contador" –, o mestre dirá o seguinte:

– Sr. Cliente, sei que o senhor é uma boa pessoa, que vai à missa e que cuida muito bem de sua família. Sei que o senhor gosta do meu produto, mas deixe-me fazer uma pergunta. O senhor vive falando que precisa perguntar ao seu advogado ou ao seu contador antes de comprar, e eu admiro isso. Mas o senhor é um cristão, e os cristãos tentam agir como Jesus Cristo, não é mesmo? Não é esse todo o significado do cristianismo? Ser gentil com todos, dar aos outros, amar e agir como Jesus? Bem, Sr. Cliente, eu também li o Novo Testamento, e deixe-me contar algo. Vou lhe dar esse produto de graça. Não vai lhe custar nada, e continuaremos amigos se o senhor me mostrar alguma passagem no Novo Testamento em que Jesus diga: "Primeiro, quero falar com o meu advogado", "Deixe-me ver o que meus amigos vão pensar", "Deixe-me checar com o meu contador" ou "Tenho que pensar nesse assunto." Sr. Cliente, mostre-me qualquer trecho da Bíblia em que Jesus não tenha conseguido tomar uma decisão e eu lhe dou meu produto totalmente de graça.

BUM!!! O cliente está perplexo. O vendedor relâmpago apresentou uma argumentação tão forte e verdadeira que o cliente não sabe o que dizer. Por isso, logo depois que essa declaração for feita, o mestre deve, com o olhar mais sincero que puder fazer, dizer:

– Sr. Cliente, nós queremos que possua nosso produto. O senhor é o tipo de pessoa que faz o produto ser importante. Para nós, é importante ter proprietários como o senhor. Então, faça o que eu fiz, dê uma chance ao nosso produto, e eu prometo que o senhor não se decepcionará.

Leitor, em 90% dos casos o cliente vai começar a relaxar, gostar da sinceridade do vendedor e assinar o contrato. Lembre-se de que se o produto não for mesmo muito bom e o negócio não for favorável ao cliente, que Deus ajude o pobre vendedor que tentar usar esse fechamento.

Nenhum profissional de vendas se tornou um mestre por sorte.

Santiago Lamous, São Paulo, Brasil

9. O fechamento "você acreditou"

Esse fechamento vai fazer o cliente achar que talvez seja algo pouco inteligente esperar para comprar o produto numa data futura. O vendedor relâmpago tem que convencer o cliente de que não há qualquer benefício em esperar, e qualquer atraso só se deve ao seu nervosismo por ter de tomar uma decisão de compra "hoje". Esse fechamento vai funcionar, mas o mestre precisa executá-lo com calma e sinceridade, de modo que o cliente entenda o recado de primeira. O vendedor relâmpago tem que convencer o cliente que errar por excesso de prudência ainda é um erro, nesse caso em particular.

Como usar o fechamento "você acreditou"

Nota: Lembre-se, leitor, de que todos os fechamentos aqui apresentados podem ser reformulados para qualquer produto ou situação de venda específicos; e se a base continuar a mesma, eles vão gerar vendas.

Primeiro, precisamos preparar o cenário para esse excelente fechamento. Nesse contexto, vamos usar um cliente de quem se espera uma decisão de compra em relação a um negócio imobiliário. O cliente foi convidado a ir de graça para um resort, mas ao aceitar esse presente ele se compromete a fazer um tour pela propriedade com um corretor de imóveis. Esse fechamento "você acreditou" é muito bom para se conseguir uma venda para alguém que tenha algum interesse, mas esteja com medo de tomar uma decisão. O vendedor relâmpago, depois que todo o resto tiver falhado, deve dizer o seguinte:

– Meu caro cliente, deixe-me perguntar uma coisa. Quando você recebeu o convite de minha empresa para visitar o resort, acreditou que honraríamos o convite, não acreditou? É claro que sim, e foi por isso que você veio, não foi?

Nota: Sempre dê ao cliente um segundo ou dois para assentir, e aí, sim, continue.

– Depois de ter trazido toda a família aqui para nos visitar, você acreditou que receberia um presente, certo? E você ganhou o presente prometido, não foi? E, meu caro cliente, você sabia que teria que fazer um tour pela propriedade, e assim o fez, certo? Em outras palavras, caro cliente, você acreditou em tudo o que nós dissemos e nunca duvidou disso, tanto é que está aqui, não é? Muito bem, deixe-me fazer uma pergunta. Tendo acreditado em tudo o que nós prometemos até agora, e visto que tudo o que dissemos foi verdade, então, por que não continua acreditando pelo resto do caminho? Isso me lembra um campeão olímpico que nada metade de um lago e, então, diz a si mesmo: "Não vou conseguir", dá meia-volta e nada até a margem de onde partiu. Agora, meu caro cliente, será que isso faz algum sentido para você? É claro que não. Até agora você confiou em nós, portanto, não duvide de si mesmo, nem de nós. Caro cliente, eu preciso do seu nome bem aqui no contrato.

Nesse momento, o vendedor relâmpago deve estender a mão para fechar o negócio ou ir em frente e assinar pessoalmente o contrato, para então passar a caneta ao cliente, que vai assinar. Esse fechamento é poderoso se for feito num tom de voz confiante, compreensivo e amigo.

O vendedor relâmpago sabe que a aparência e o comportamento de alguém pode se sobrepor aos fatos.

Kevin Vocevic, Praga, República Tcheca

10. O fechamento leve dos "sete diretores"

Essa é outra técnica que vai levar o vendedor relâmpago direto ao fechamento. Esse exercício é simples, compreensível e indolor; destina-se a ajudar o mestre a diagnosticar melhor os pontos fracos e os fortes do cliente. Ele dá ao vendedor relâmpago várias informações pessoais sobre o cliente, o que permitirá que ele ajuste seu plano final de batalha e consiga uma venda. Não existe um único cliente vivo que, quando perguntado de uma maneira gentil e sincera, não atenda a esse simples pedido.

Como usar o fechamento leve dos "sete diretores"

Quando o vendedor relâmpago e seu cliente estiverem negociando, e o primeiro sentir que a situação e o momento são adequados, ele vai pensar em alguma desculpa para se afastar por alguns minutos, mas, antes disso, vai dizer:

– Sr. Cliente, nós já estamos aqui há mais de uma hora, e eu percebi que o senhor é muito forte e singular. Eu gostaria que me fizesse um favor enquanto vou lá fora. Só para satisfazer minha curiosidade, aqui está uma caneta e uma folha de papel. O senhor poderia escrever os nomes de sete personagens da história mundial que incluiria em um comitê diretor para administrar e gerir a sua vida pessoal?

Na maioria dos casos, o cliente vai atender, feliz, ao pedido. Quando o vendedor relâmpago voltar, ele deve examinar quem são os sete indivíduos, tendo assim uma visão geral muito boa da "essência" da personalidade e da formação intelectual do cliente. O mestre pode repassar os nomes da lista junto com o comprador em potencial, aprovando e parabenizando-o, até que o vendedor perceba a verdadeira personalidade do cliente emergindo. Ele, então, utiliza os insights que colheu para seu proveito e continua com o fechamento de uma maneira que complementa a natureza do cliente. Leitor, este pequeno exercício pode parecer muito simples, mas funciona. Essa técnica leva o mestre direto ao alvo emocional e aos botões que fazem o cliente vibrar.

Quando sei que estou totalmente certo ao fazer alguma coisa, não existem riscos.

Maria de Allano, Nápoles, Itália

11. O fechamento "qualquer coisa, eu volto"

Esse é um fechamento simples e especial que funciona. Vai fazer qualquer cliente que diga "qualquer coisa, eu volto" parecer e soar como um idiota. Qualquer vendedor relâmpago que usar essa tática pode, depois de usá-la com o cliente, ir em frente e assinar o contrato. A maioria dos possíveis compradores que ouve esse fechamento vai desmoronar e dizer ao mestre a verdadeira razão por não querer comprar "hoje". Então, evidentemente, o mestre pode pegar essa "verdadeira razão", superá-la e efetuar a venda. Leitor, esse fechamento é totalmente elementar e descomplicado, mas os resultados são surpreendentes. O vendedor só precisa usá-lo de maneira espirituosa, como "é claro que estou brincando, caro cliente".

Como usar o fechamento "qualquer coisa, eu volto"

Para usar esse fechamento o vendedor relâmpago precisa ter um relacionamento pessoal sólido com o cliente. Agora, esse fechamento pode ser usado com qualquer cliente do tipo "eu volto", mas funciona muito melhor com alguém que goste do vendedor e o respeite. Quando um profissional de vendas recebe um cliente que "até gosta do produto" ou um que não tem nada a dizer além de "qualquer coisa, eu volto", ele deve utilizar essa tática. Funciona assim: se o mestre disser para o cliente "dê uma chance ao meu produto" e este sorrir e disser "qualquer coisa, eu volto", esse vendedor deverá dizer:

– Qualquer coisa, eu volto? Você, meu caro cliente, tem alguma ideia do que isso significa? É como falar olhando as coisas de trás para a frente, como voltar ao trabalho, voltar aos problemas, voltar às aulas, voltar ao começo, voltar ao passado, voltar à questão, voltar a ver, bater de volta, dar voltas, ida e volta, um cheque que volta, tudo que vai, tem volta, reviravolta, revolta. Caro cliente, seu pensamento está todo errado. Tudo que tem "volta" é negativo. Você precisa mudar sua atitude para poder pensar positivamente. Portanto, vamos lá, comecemos a olhar para a frente em vez de para trás, de volta. Você sabe que quer esse produto, portanto, estamos falando sobre quantias, não é?

O cliente, na maioria das vezes, vai dizer que sim. Então, o mestre pode ir em frente e cuidar da concretização do negócio.

Ainda tem mais uma coisa que o vendedor relâmpago pode dizer depois de inundar o cliente com "voltas". Ele dirá:

– Meu caro cliente, não quero que pense dessa maneira. Vá em frente, volta é para quem gosta do passado. Mude de direção na vida e vá em direção a algo que o ajudará a se tornar um sucesso.

Esse é um fechamento espirituoso, mas também muito eficaz, e deixa o cliente bem-impressionado, e essa impressão não desaparecerá facilmente. Leitor, acredite se quiser, mas esse fechamento gera vendas.

O sucesso nas vendas depende fortemente de uma cabeça treinada e disciplinada.

William Hewett, Londres, Inglaterra

12. O fechamento "três coisas roubadas"

Esse é outro fechamento que o vendedor relâmpago usa quando tem um cliente carola, que frequenta a igreja. Ele é uma boa pessoa que simplesmente não consegue tomar uma decisão de compra. Além disso, é um pouquinho nervoso e não consegue se motivar, mesmo sob risco de vida. O mestre precisa usar esse fechamento com gentileza e sinceridade, mostrando que entende a posição do cliente, mas que gostaria, com a maior educação, de ressaltar um ponto muito importante, que realmente diz respeito ao cliente, que deve se lembrar disso.

Como usar o fechamento "três coisas roubadas"

Se o cliente for uma pessoa religiosa e conservadora, e não quiser tomar uma decisão sobre a compra do produto hoje, o vendedor relâmpago pode contar a "historinha de fechamento" a seguir para ajudá-lo a fazer algo além de ficar sentado ali e dizer "hoje, não". Depois de o cliente dizer que não consegue se decidir, o mestre deve dizer:

– Meu caro cliente, deixe-me contar uma história. Você se lembra quando, no Velho Testamento, Lúcifer e suas legiões de anjos caídos foram expulsos do paraíso? Muito bem. Um dia, em Hades, Lúcifer andava em sua grande câmara escura quando foi abordado por cinco anjos tenentes, que cercaram-no e fizeram a seguinte pergunta:

– Lúcifer, além de nós, o que mais você roubou do paraíso que nos ajudaria a aprisionar o mundo e capturar a humanidade?

Lúcifer apenas sorriu e disse:

– Ah, eu só roubei três coisas, não precisava de nada além disso. Até porque eu tenho vocês e os outros anjos caídos. Por isso, acho que com vocês e as três coisas que surrupiei, poderemos dominar o mundo em pouquíssimo tempo.

Perplexos, os anjos tenentes olharam um para o outro, curiosos. Então um deles disse:

– Tudo bem, nós desistimos, Lúcifer. Quais foram as três coisas que você roubou do paraíso que pode facilitar tanto nossa tarefa?

E Lúcifer respondeu:

– Bem, se vocês realmente querem saber, roubei um pensamento, uma emoção e uma palavra.

Os anjos tenentes novamente se entreolharam, e um deles disse:

– Ok, você venceu. Qual foi o pensamento que você roubou?

E Lúcifer disse:

– Eu roubei o pensamento "impossível".

Então, um outro perguntou:

– Tudo bem, e qual foi a única emoção que você roubou?

Lúcifer se virou para ele e respondeu:

– Eu roubei o "medo".

Então, depois de vários minutos de silêncio, outro anjo caído falou:

– Lúcifer, nós nunca conseguiremos adivinhar qual seria a terceira coisa. Você disse que era uma palavra. Por favor, diga que palavra é essa.

Lúcifer sorriu, olhou em direção ao anjo caído que fez a pergunta e respondeu:

– Amanhã.

Imediatamente após o vendedor relâmpago contar esta história, ele deve olhar diretamente para o cliente, esperar um minuto ou menos, e, então, dizer:

– Meu caro cliente, preciso do seu nome bem aqui, junto ao meu.

O vendedor relâmpago imediatamente passa a caneta para o cliente assinar a ordem de compra. A essa altura, ele deve agir como se o negócio já tivesse sido fechado e o cliente estivesse pronto para assinar. Na verdade, o comprador em potencial ainda fará algumas perguntas e aí, quando satisfeito, ou assinará a ordem ou dará uma risada nervosa, tentando achar uma nova desculpa para não comprar. Se isto acontecer, o vendedor relâmpago deve derrubar a objeção e pedir a assinatura do comprador mais uma vez. Esse vai e vem pode se prolongar por muito tempo, até o cliente finalmente se cansar e dizer ao mestre a verdadeira razão pela qual não consegue chegar a uma decisão. Quando isso acontecer, o vendedor relâmpago pode reajustar o seu plano de fechamento, se necessário, fazer sua mágica e concluir o negócio. Lembre-se: nenhum cliente consegue passar a perna em um autêntico vendedor relâmpago ou ludibriá-lo.

O vendedor que minimamente pensa em se aposentar, começa a morrer.

Hanns Burgen, Estocolmo, Suécia

13. O fechamento "pressão e revenda"

Esse é um grande fechamento para se usar com qualquer cliente que pense que o vendedor relâmpago está pressionando demais. É destinado a transformar alguém que já está meio impaciente num cliente colaborador, no momento em que o vendedor relâmpago explicar suas técnicas de alta pressão. Esse fechamento, como todos os outros descritos neste livro, tem que ser feito por pessoas fortes e inteligentes. Não há espaço para erros ou para vendedores que não tenham vontade e fibra para passar sua mensagem de uma maneira controlada mas confiante. Os clientes precisam ter um diretor (o vendedor relâmpago) que saiba como orquestrar uma apresentação à hora que for, dentro do tempo permitido e com um equilíbrio de voz e expressão facial que todos os que o observam vão admirar, respeitar e entender.

Como usar o fechamento "pressão e revenda"

Muitas vezes, o vendedor relâmpago se vê "massacrando" um cliente que tem os recursos para comprar, mas simplesmente não consegue ou não vai se decidir pela obtenção do produto. Esse tipo de cliente gosta do que vê, mas não aceita ser pressionado, empurrado, intimidado ou constrangido para fazer a compra. Ele é, na verdade, jogo duro; é inteligente, tem dinheiro e não será encurralado por algum vendedor engraçadinho. Quando o mestre se vê diante de um cliente assim, numa situação em que ele diz "Para mim já chega, você está me pressionando demais e eu não vou comprar", o mestre ainda tem uma ótima carta na manga. Essa carta pode ser usada toda vez que se sentir que a situação é adequada e, acredite ou não, leitor, consegue-se a venda. Funciona assim: quando o cliente diz "chega, você já passou dos limites, está pressionando demais", o vendedor relâmpago deverá dizer:

– Espere um momento, meu caro cliente. Digamos que você tenha comprado meu produto e que nos dois anos seguintes a isso nós tenhamos trocado telefone, cartões de Natal e de visita. Nos tornamos amigos. Então, um dia você me liga e pede para eu vender seu produto, aquele que você originalmente comprou de mim. É claro que, sendo seu amigo, eu concordo. E aí, algum tempo mais tarde, eu tenho um cliente sentado na minha frente para o qual tento revender o seu produto, e essa pessoa só fica dizendo "já passou dos limites, eu não compro". Então, diga-me uma coisa, meu caro cliente: exatamente que tipo de pressão você quer que eu use para revender seu produto? Quer que eu o venda para você ou simplesmente que acompanhe cada cliente com quem eu falar até a porta, esperando que um dia algum deles volte para comprar? Diga-me, caro cliente, o quanto você quer que eu pressione alguém para que consiga vender seu produto, e assim eu e você ganharmos dinheiro? Sabe, meu caro cliente, o que você está vendo aqui é, na verdade, uma demonstração do quanto trabalharei duro por você no futuro. Portanto, sejamos realistas. Você gosta do meu produto, pode pagar por ele, portanto, tudo de que eu preciso é seu nome, logo aqui junto do meu. Caro cliente, dê uma chance a ele.

Leitor, na maioria dos casos o cliente vai ficar meio sem ação e assinar o contrato. Para usar esse fechamento com sucesso o vendedor relâmpago tem que ser firme, objetivo e totalmente dedicado a seu produto e ao bem que este fará pelo cliente. Essa é uma prática de "cachorro grande", que só vai funcionar quando utilizada por um vendedor carismático, sincero e poderoso. Esse fechamento proporcionará muitas vendas ao mestre, mas outros vendedores não conseguiriam.

Quanto mais eu aprendo sobre vendas, mais quero aprender, e talvez algum dia eu atinja a sabedoria.

Otto Leipkken, Berlim, Alemanha

14. O fechamento "pensamento"

Leitor, todo vendedor do mundo quer descobrir aquele fechamento mágico que vai gerar vendas sempre que for usado. Na verdade, todos os clientes são diferentes, assim como todas as situações de venda, e encontrar um fechamento assim seria quase impossível, não fosse a técnica em questão. O fechamento "pensamento" é o mais próximo que se pode chegar do fechamento mágico, sendo um dos mais poderosos da Terra. Aliás, pode muito bem ser o maior. Este autor já soube de fechamentos no mundo inteiro, e este, o "pensamento", é sem igual; quando dominado e ajustado para um produto em especial, é totalmente mortal: ninguém pode evitar sua mensagem ou influência. E é melhor que qualquer profissional de vendas que o utilize fale a verdade sobre o produto e se dedique a ele. Esse fechamento é bom demais para ser usado numa situação de venda que não seja digna. Para explicar e demonstrar esse fechamento usaremos um automóvel como exemplo, mas ele pode ser usado para imóveis, seguros, ações, títulos, materiais de construção ou qualquer produto. Tudo o que o vendedor relâmpago tem a fazer é modelá-lo para o seu setor e ajustá-lo à sua personalidade

Nota: Até hoje, apenas cinco vendedores relâmpago conheciam este fechamento. Depois que começaram a usá-lo, suas vendas aumentaram em 50%. Ele pode ser usado com qualquer cliente, independentemente da desculpa que ele use para não comprar o produto, e nunca deve ser utilizado ou mesmo tentado por vendedores novatos.

Como usar o fechamento "pensamento"

Funciona assim: esse fechamento é exclusivamente "oral". Quando tudo parecer perdido, o vendedor relâmpago deve dizer:

– Meu caro cliente, deixe-me fazer uma pergunta: você vai virar médico até amanhã à noite?

O possível comprador vai dizer que não. Se ele não responder, o mestre deve responder por ele e dizer "Não", fazendo outra pergunta logo em seguida:

– Você será um professor internacional de direito amanhã?

E mais uma vez ele vai responder que "não". E aí o mestre deve fazer sua terceira e última pergunta:

– Você, meu caro cliente, acordará amanhã de manhã sendo um astronauta?

E a resposta, de novo, é "Não". Aí é a vez de o mestre falar:

– Meu caro cliente, sabe por que você não será nenhum desses profissionais? Bem, porque você não foi destinado a isso. O pensamento de ser médico, professor ou astronauta nunca passou pela sua cabeça. Meu caro cliente, você acredita numa força maior, num ser supremo, se preferir assim, não acredita?

A maioria dos clientes vai dizer que sim. Então, o mestre prossegue:

– Agora, esse ser supremo vai testá-lo e fazer você atravessar fases difíceis para lhe deixar mais forte. Mas, meu caro cliente, seu criador não colocaria um pensamento em sua cabeça, dizendo que você será advogado algum dia. Se isso acontecesse, você, acreditando nesse pensamento, entraria para a faculdade de direito e, tão logo conseguisse o diploma, ouviria todas as vozes do céu morrendo de rir, dizendo que tudo não tinha passado de uma piada. O seu Criador não caçoaria de você desse jeito, não é?

O cliente responde que não. E o vendedor continua:

– Meu caro cliente, talvez você seja um mecânico de ponta porque seu pai tinha essa profissão ou porque desde a mais tenra idade você sabia que levava jeito com as mãos. E hoje é um mecânico profissional porque teve esse pensamento. Você sabia que seria bom nessa profissão por ter pensado assim, não é verdade?

O cliente, provavelmente, responderá que sim. O vendedor prossegue:

– Lembre-se, meu caro cliente, de quando as pessoas dizem que "Se você achar que pode, é porque pode". Então, é tudo verdade. – E continua: — Deixe-me fazer uma pergunta simples: quantas vezes já pensou em ir para casa dirigindo um automóvel zero quilômetro? Quantas vezes você já pensou em pegar a estrada ou passear pela cidade com sua família, num carro novo? Sabe, meu caro cliente, esse pensamento esteve em sua mente porque ele tinha que estar lá. Foi posto ali por alguma razão. Eu não o coloquei ali. Lembre-se de que, se houver uma vontade, haverá um jeito, e é por isso que você, meu caro cliente, está aqui na minha sala, exatamente agora. Porque é assim que tinha que ser.

Com isso, o mestre se cala. E agora, leitor, o olhar do cliente é inacreditável. Ele está meio inexpressivo, mas a cabeça dele está trabalhando a 1.500 Km/h. De repente, todos os pontos estão se ligando. Uma lâmpada acabou de ser acesa. Esse comprador em potencial vai ficar com essa expressão meio engraçada e meio perplexa de cinco a sete segundos. É quando o vendedor relâmpago estende sua mão para fechar o negócio e o cliente, num impulso, o cumprimenta. Negócio fechado. Tudo o que se precisa cuidar agora é de alguns detalhes e da papelada. O cliente comprou um carro novo.

Leitor, esse "fechamento oral" é tiro certo. A razão pela qual essa tática é tão poderosa é que o cliente *esteve* pensando em comprar um carro novo, e agora ele compreende que havia um motivo para isso. De repente, tudo passa a fazer sentido para ele. Na verdade, foi ele que vendeu o carro a si mesmo, acreditando em seus próprios sonhos, e tudo o que o mestre teve que fazer foi pavimentar o caminho para que ele, cliente, pudesse ver o produto sendo vendido de um prisma diferente e muito pessoal. Esse fechamento formidável, quando usado na situação certa, com vigor e convicção, vai fazer com que qualquer cliente que o ouça compre, a não ser que haja algum problema financeiro. Esse fechamento funciona porque o cliente ouve a verdade, sabe que é verdade e percebe no fundo de seu coração que tudo que o mestre falou é verdade.

> Se você, meu caro cliente, quiser parar de cometer erros financeiros, então você precisa parar de tentar ter sucesso.
>
> *David Olsan, Nova York, EUA*

Isso encerra nossa análise de algumas técnicas e pequenas frases sobre fechamento. Os exercícios e as táticas detalhados aqui, funcionam. Eles geram vendas. Tudo que o vendedor tem que fazer é se sentir confortável com eles, usá-los em harmonia com sua personalidade e curtir o sucesso. Se esses fechamentos e frases forem falados com convicção, não haverá limite para o potencial de ganhos do vendedor.

8

Como os vendedores relâmpago pensam e agem depois da venda

Um bom vendedor sempre dará a um cliente humilde o reconhecimento que ele merece, o reconhecimento que os outros sempre lhe negaram.

Winston O'Donalley, County Cork, Irlanda

Depois que o vendedor relâmpago fecha o negócio, ou o perde, e dá adeus ao cliente, suas emoções estarão à flor da pele. Antes de se encontrar com o próximo comprador em potencial ele deve ficar sozinho e tentar descarregar sua energia, até certo ponto. Se ele vendeu para o último cliente com quem esteve, deve utilizar esse embalo positivo para receber o próximo cliente, e provavelmente vender para ele. Se, por outro lado, este último tiver sido um tiro n'água, ele deve "sacudir a poeira" e se preparar mentalmente para o próximo cliente. Em hipótese alguma deve atender alguém se estiver com uma expressão de derrota no rosto. Vale lembrar que os clientes são muito sensíveis a qualquer emoção negativa que o profissional de vendas possa exibir. Leitor, o vendedor relâmpago é um artista profissional, e sua força está na capacidade de se recompor e ressurgir. O próximo cliente precisa de um vendedor que esteja com a energia 100% positiva, e o mestre é uma das poucas pessoas no mundo que podem e vão proporcionar isso.

Os vendedores relâmpago começam do topo e, depois, sobem ainda mais.

Betti Tonialla, Roma, Itália

Fato 1. Agradeça ao cliente

Isso é apenas uma questão de bom-senso. Depois que o cliente decide comprar, o vendedor relâmpago vai agradecer pelo negócio e dizer que aprecia sua confiança. Esse "obrigado" tem que soar como algo normal e costumeiro. O cliente não pode ficar com a impressão de que essa tenha sido a primeira venda da vida do vendedor. Isso só vai perturbar um cliente que já está pisando em ovos. O mestre vai demonstrar seu apreço, mas não deve ficar excessivamente alegre ou extasiado. A chave de tudo é o controle. Lembre-se de que a habitualidade do negócio deve estar refletida nos olhos e nas ações do vendedor.

Nota: Leitor, depois que o negócio for concretizado, o vendedor relâmpago deve "calar a boca" e não falar mais nada sobre o produto. Se qualquer informação adicional for dada, há uma chance de se falar alguma coisa que o cliente não goste ou não entenda, e o negócio inteiro pode ir por água abaixo. Agora, se o cliente ainda tiver alguma pergunta depois do contrato assinado, o vendedor deve ouvir tudo que ele tiver para dizer e, então, perguntar:

– Meu caro cliente, por que você está me perguntando?

Lembre-se: deixe o cliente explicar o motivo em detalhes para que o vendedor saiba exatamente como responder sem precisar dar muitos detalhes, que também podem acabar com o negócio. O vendedor deve ser preciso, conciso e objetivo na resposta, nunca dando espaço para maiores especulações e deliberações.

Agora, para ilustrar essa questão de nunca exagerar demais na hora de agradecer o cliente pela compra, existe uma velha história chinesa que deve ser contada.

Há muito tempo um monge budista viajava para casa partindo de uma pequena aldeia chinesa. Ele estava a alguns dias de seu destino quando chegou a um rio grande e perigoso. Como estava sozinho, decidiu que a única maneira de atravessá-lo com segurança seria construindo uma jangada. O monge amarrou varas de bambu com cipós, selecionando os maiores que ele conseguiu encontrar, e, depois de dez longos dias de trabalho, finalmente obteve uma embarcação suficientemente grande, que ele sentia ser segura e confiável. Arrastando a pesada jangada até a margem do rio, ele cuidadosamente lançou-a na água e ficou muito feliz consigo mesmo, já que ela flutuava e era bem-equilibrada. Depois de alguns minutos admirando seu feito, ele subiu na jangada, deu um impulso e, depois de navegar por 5 km aquele rio bravo, de escapar por um triz algumas vezes, chegou seco e seguro ao outro lado. O monge ficou tão feliz e agradecido à jangada por ter funcionado tão bem que decidiu amarrar os cipós em volta dela e carregá-la com ele. Depois de arrastá-la, empurrá-la e puxá-la, pesada, pela estreita trilha por cerca de 1,5 km, ele parou, olhou para ela e pensou: “É verdade que esta jangada salvou minha vida e fez com que eu atravessasse o rio, e serei eternamente grato por isso, mas é pesada demais, e carregá-la por essa trilha está me matando.” E assim o monge simplesmente agradeceu à jangada e a deixou ali, viajando o resto do caminho para casa como um homem feliz e sem um peso nas costas.

Lembre-se, leitor, de que você pode exagerar qualquer coisa e estragar tudo. Portanto, seja apenas educado com seu cliente, agradeça por ele fazer negócio e prossiga com seu trabalho normalmente.

Se um cliente deseja muito um produto, ele ou sua família darão um jeito de comprá-lo.

Frank Rhinehart, Wasserburg, Alemanha

Fato 2. A caneta cara

Para ajudar a assegurar e a solidificar o negócio, o vendedor relâmpago deve entregar sua caneta pessoal ao cliente imediatamente depois da assinatura. Ela precisa ter algum valor, e o cliente deve usá-la e se orgulhar dela. A caneta não deve ter a logomarca da empresa ou qualquer informação sobre o produto. Precisa parecer com uma caneta que o cliente teria comprado sozinho. Agora, o que esse pequeno presente faz pelo cliente é uma beleza. Ele ficará emocionado, mas também, provavelmente, brincará com a caneta, além de testá-la, examiná-la e admirá-la. Tenha em mente, leitor, que se o comprador em potencial está de posse da caneta, pode-se redigir o contrato, e se houver um hiato na conversa do cliente com o vendedor, ela servirá para tirar a mente do cliente daquele "tempo perdido". Mais do que isso, a caneta vai dar ao cliente algo tangível, de modo que ele não vá ficar sentado, pensando no dinheiro que gastou na compra do produto. O exercício da "caneta cara" funciona muito bem com qualquer cliente, dando a ele a sensação de que esse é um momento especial para se recordar e apreciar.

Nota: Se essa técnica das canetas não funcionasse, então, o presidente dos Estados Unidos não daria canetas depois de assinar um documento importante.

Depois da venda, você sempre deve dar ao cliente algo extra e inesperado.

Cid Puckett, Washington, EUA

Fato 3. **Pergunte aos clientes por que eles compraram**

O vendedor relâmpago perguntará ao cliente, depois de assinado o contrato, de um jeito amistoso e espirituoso, por que ele comprou o produto. O cliente dará umas duas ou três respostas, mas sempre deixará de lado dois ou três pontos muito importantes. Isso dá ao vendedor relâmpago a oportunidade de fazer o cliente se lembrar de certos benefícios, dos quais ele talvez tenha se esquecido, e ainda dá ao mestre tempo para animar e apoiar o cliente em sua decisão de compra, já que ele sabe que é muito importante "segurar na mão", ou melhor, confortar o cliente com uma conversa revigorante depois da venda.

Leitor, nada deixará um cliente mais chateado do que ver o vendedor perder o interesse nele um segundo depois do contrato assinado, ou ver o vendedor receber os parabéns dos outros profissionais de venda presentes, como se ele não vendesse nada há vários meses. Os vendedores relâmpago devem, se possível, acompanhar o cliente até o carro e dar um tchau. Eles simplesmente não permitirão que o comprador saia sozinho de onde estava. Em primeiro lugar, porque isso não seria nem profissional, nem educado, e, em segundo lugar, porque o novo proprietário pode iniciar uma conversa com pessoas que podem não estar tão satisfeitas. O mestre não entrega nada à própria sorte – nem deveria.

Quando eu acho que não preciso de um conselho é quando geralmente preciso.

Charles Moody, São Francisco, EUA

Fato 4. **Peça ajuda**

O vendedor relâmpago é a pessoa que está no auge da profissão, um verdadeiro profissional que tem a malícia das ruas e um doutorado em comportamento humano pela universidade do mundo. Eles não são burros, por isso, quando precisam de um conselho ou uma ajuda de outro vendedor, com quem acham que podem aprender, eles o pedirão. No negócio de vendas, qualquer um pode descobrir um novo método, técnica ou fechamento de vendas com outra pessoa. Não faz diferença quem ensina e quem aprende, vender é compartilhar conhecimentos. Qualquer vendedor que, por causa do orgulho, se recuse a pedir ajuda quando seus números não vão bem está fazendo papel de idiota. Não existe um único vendedor relâmpago vivo que não faria de tudo para ajudar e incentivar outro companheiro de profissão, se isso lhe for pedido.

Este mundo precisa de grandes personalidades, pessoas que se arriscam, livres-pensadores e gente ousada, homens e mulheres que não seguem os outros, mas que lideram.

O fato é que o mundo ainda estaria na Idade da Pedra se não fosse pelas almas corajosas que tiveram fé para dar tudo de si, acreditando cegamente naquilo em que pensavam estar certos, e os vendedores relâmpago são, sob todos os aspectos, esse tipo de gente. Agradeça a Deus por todos aqueles que veem mais longe do que os outros, acreditam mais do que os outros e têm o bom-senso de perguntar o caminho quando estão perdidos.

Nota: Existe um ditado muito sábio no meio jurídico: "A letra da lei assegura a civilização, enquanto o espírito da lei define a civilização."

Essa mesma fórmula também vale para os profissionais de vendas: "A letra dos fechamentos é assegurada pelas técnicas psicológicas e pelos passos mecânicos que são usados para se chegar a uma venda, enquanto o espírito de um fechamento é definido pela sinceridade, confiança e integridade adotadas ao longo do processo."

Às vezes, você tem que se fazer de humilde para se tornar grande.

Walter Gates, Miami, EUA

Conclusão

A verdade, a paixão e a fé nunca me deixaram na mão.

Beverly Ann Reece, Scottsdale, EUA

Todos os vendedores relâmpago ao redor do mundo sabem que vender é um negócio nobre, e se você quiser ser bem-sucedido nesse negócio, precisa ser nobre. Ao estudar para ser um vendedor relâmpago, o treinamento mais eficaz e honesto disponível é efetivamente cair no mundo e fechar negócios. Quando erros forem cometidos, não deve haver preocupações, porque erros ensinam mais lições do que o sucesso. Lembre-se do que foi dito na Nota do Autor: "[você] deve aprender com todas as pessoas que puder e passar esse conhecimento adiante." Muito bem, essa filosofia é o que eu realmente adoto. Se alguém para de aprender, não pode mais ensinar adequadamente. Heráclito dizia: "Nada dura, a não ser as mudanças." Ele tinha razão. O mundo sofre mudanças a cada dia, mas as vontades e necessidades básicas das pessoas sempre serão mais ou menos as mesmas. Os vendedores relâmpago aprendem coisas novas em relação a vendas o tempo todo, e isso, juntamente com uma paixão sempre presente, permite que eles vendam dignamente seus produtos para pessoas que têm sonhos, sentimentos, todas as emoções imagináveis e uma mistura de fatores humanos e culturais com que nada neste nosso mundo high-tech pode competir. Esse é o mundo do vendedor relâmpago, e ele sempre está esperando o próprio entusiasmo, e também confiando neste. Ele nunca desiste ou se entrega à mediocridade. O vendedor relâmpago também sabe, no fundo de seu coração, que Deus nunca gerou e nunca gerará uma vida destinada ao fracasso. O mestre das vendas entende que quando tudo mais parece desmoronar, ele pode, em oração, atingir uma força que está sempre presente, que nunca encontrará ou receberá uma resposta que seja superficial, estúpida ou vazia. Leitor, este mundo está esperando e precisando da energia singular que todos os vendedores relâmpago possuem. Esses mestres têm aquela capacidade maravilhosa de mudar as pessoas para melhor, e, sempre que eles fazem isso, suas ações não são esquecidas, ações que silenciosamente mandaram para o céu.

Finalmente, todo vendedor relâmpago que esteja vivo percebe que se deixar de usar os talentos que Deus lhe deu para o bem de todos, ou se achar que receber tais talentos não foi mais do que uma obrigação, a mais triste das falhas, esse desrespeito tão grande às bênçãos ecoará para sempre por todos os salões da memória.

Eu finquei o pé hoje e, depois de algum tempo, ninguém tentou me demover.

Bill David Benton, Nova York, EUA

Este livro foi composto na tipologia Adobe Garamond Pro,
em corpo 11,5/15,3, impresso em papel off-white 80g/m^2,
no Sistema Cameron da Divisão Gráfica
da Distribuidora Record.